Danish
A Grammar

by
W. Glyn Jones, M.A., Ph.D.
Professor of Scandinavian Studies,
University of Newcastle upon Tyne
and
Kirsten Gade
Formerly of the Greenland Education Service

Gyldendal

Danish. A Grammar

© 1981 by Gyldendalske Boghandel,

Nordisk Forlag A.S., Copenhagen

Fotografisk, mekanisk eller anden form
for gengivelse eller mangfoldiggørelse
af denne bog eller dele heraf
er ikke tilladt ifølge
gældende dansk lov om ophavsret

Typografi og omslag ved Niels Bøje Ziegler
Bogen er sat med Times
og trykt hos Fyens Stiftsbogtrykkeri
Printed in Denmark 1981
ISBN 87-01-95481-4

I forbindelse med denne bog er udarbejdet
et kassettebånd, Bestillingsnr. 325667,
som forhandles af boghandlerne
og Gyldendal AV, Broenge 2, 2635 Ishøj.

Preface

This book is intended to meet what we believe to be the need for a new and thorough grammar of Danish for English-speaking students. We hope that it will provide a sound basis in Danish for those who want to make a serious study of the language, at the same time as catering for those whose interests are less academic.

In choosing our approach we felt that the needs of those who want a more thorough understanding of Danish excluded a situational grammar, which, despite its natural presentation of the language, does not always provide a sufficient theoretical foundation. We decided therefore that a more descriptive grammar, with plentiful exercises, was more appropriate, especially for those who want to make rapid progress. Those who do not want to go to the bitter end need not do all the exercises!

We have kept our phonetic description of Danish to an absolute minimum. It is a general guide to Danish sounds, not a miniature textbook in Danish phonetics. We hope that this very brief, non-technical introduction to the sounds of Danish, when taken in conjunction with the tape, will provide the student with a suitable basis for understanding spoken Danish and for achieving an acceptable pronunciation.

A good dictionary is obviously necessary if students are to derive maximum benefit from the text.

A language is a living thing. Those who study a new language want to know precisely what to do with it. The two are difficult to unite. We have tried to give a good and reliable guide to what happens in Danish, but we have time and time again had to admit to ourselves that very many "absolute" rules are not so absolute as all that. Hence a lot of words such as "normally" and "usually" appear, especially in the more complex later sections. It is worth remembering from the start that most rules can be broken – but only when you know how to apply them.

We would like to express our gratitude to the Danish Ministry of Education for a grant towards publication costs, to members of the School Books Division of Gyldendal, especially Kirsten Jensenius, for their help and enthusiasm, and to Jens Axelsen, the editor of the standard Gyldendal Danish-English dictionaries, for a painstaking reading of the original manuscript and for many useful suggestions. Much of the book was written in Tórshavn, and we are grateful to the Faroese Academy for the use of its facilities. Our thanks also go to the Language Centre at Newcastle University for help in recording the tape.

There are bound to be shortcomings. For such as there are, we apologise. The fault is ours alone.

Kirsten Gade　　　　　　　　　　　　　　　　*W. Glyn Jones*

Contents

	The sound of Danish	7
I:	Verbs plain and simple	26
II:	The article	29
III:	Nouns	35
IV:	Adjectives	46
V:	Adverbs	58
VI:	Prepositions	68
VII:	Pronouns	75
VIII:	Numerals	98
IX:	Conjunctions	106
X:	Verbs	114
XI:	Word order	151
XII:	Direct and indirect speech	160
XIII:	The Danish comma	162
	Bibliography	163
	Index	164

The sound of Danish

The written Danish vowels are (Tape):

i e æ y ø
u o å a

There is scarcely ever a completely consistent relationship between the written signs and the sounds which they represent in a language. Danish is very far from being an exception to this, as will be seen from the section on individual sounds. All Danish vowels can be either long or short (Tape):

Long	Short
sale	salme
bane	bande
gribe	gribbe
sure	surre
søle	sølle

Danish vowels are pure, and they never show the tendency towards diphthongisation which is common in English. However, this is not unlike the pure vowels commonly found in northern England (Tape):

bare male ene drive lime
side mole ode pure
lyse sæbe søde låne

Diphthongs do occur in Danish, usually when a vowel is followed by -j, -v or -g. Af, which is not a diphthong when standing alone, is diphthongised when it appears in compounds:

hejse [haisə]   jeg [jai]
daglig [dauli]   aflukke ['aulågə]
sove [sɔuə]

When a diphthong is caused by a specific letter combination, this does not mean that the same letter combination will necessarily produce a diphthong in other words: derivatives,

7

compounds and inflected forms are sometimes pronounced differently from the simple form.

If a vowel is followed by **r** it will often be much more open than without the **r,** so much so that you might be forgiven for thinking that is is a different vowel (Tape):

søge	sørge
lave	larve
tamme	tarme
tøv	tørv
gade	garde
gave	garve
kasse	karse

An **r** preceding a vowel will have a similar effect.

The written Danish consonants are (Tape):

p t k b d g
m n
f s h
v l j r

c w x z will be found in Danish texts, but modern Danish will only use them in foreign loan words.

At the beginning of a syllable **p t k** are similar to their English equivalents. Between vowels and at the end of syllables, on the other hand, they are pronounced as /b/, /d/, /g/ (Tape).

fattig satte nætter
datter katten rotte atten

ikke klokken bakke
sukker stykker knække flokken

skal ske sko skål skole
taske vasker skrev

sten stod står næsten
koster starte sidst længst

spiser spiste spurgte
spegepølse spor spørgsmål spredt

In an initial position **b, d, g** are pronounced much like their English counterparts, though less voiced. After vowels **d** and **b** often become fricatives /ð/ and /v/. For **g** and silent **d** see below.

l is always at the front of the mouth, similar to an English initial or intervocalic **l** (light, late, allow, below). The "dark" English **l** does not exist in Danish.

The quality of the Danish **r** varies considerably according to its position in the word. Initially or after a consonant it is not unlike the French **r** *(ride, bryde, strøm)*. However, between vowels it is often more or less lost in everyday speech, though it can affect the quality of associated vowels (see above). Before a consonant it is either absorbed into the preceding vowel or itself vocalised. After a final unstressed **e** it can entirely disappear. The quality of the **r** in its different positions will emerge from the examples of individual sounds below, where the vocalised form is shown as /ɹ/ in the phonetic transcription. (Tape):

lærer mere hører skærer
rører borer sparer klare kører

Certain consonants are often silent:

d in the combinations **ld, nd, rd, dt, ds** is rarely pronounced (Tape):

guld   mund   værd   rundt   plads
mild   spand gård   midt   trods
hælde finde hårde anvendt tilfreds

h is never pronounced before **j** or **v** (but is always pronounced otherwise) (Tape):

hvem   hvad   hvis   hvorfor
hvordan hjælpe hjørne hjem

g, especially after **i, y, u,** is silent or scarcely pronounced (Tape):

sige   pige   sluge   dejlig
billig ærlighed venlighed

N.B. **-gg-** is always pronounced.

9

k is always pronounced, even in the combination **kn** (Tape):

kniv   knap   knogle
knude   knæ   knække

The stød

Danish makes widespread use of a phenomenon known as the *stød*, a glottal stop. It is not completely unknown in some forms of English, particularly in Cockney, where it often replaces an intervocalic **-tt-** (e.g. letter). A similar sound is found in a similar position in some Lowland Scots words. A less obvious glottal stop, but in fact closer to that found in Danish, is also found in English between a short vowel and **p, t, k**. Think, for instance, of the way in which the **t** in "not yet" is often "swallowed", or of the slight pause between the **a** and **ck** of "back". These are approaches to the Danish phenomenon. The sign of a *stød* in our phonetic script is '. Note that it can appear after either vowels or consonants. The phenomenon is found throughout Standard Danish, but not always in dialects: southern Danish dialects do not have it, and there is even what is known as the "*stød* border", below which it does not occur.

However, we are concerned with Standard Danish, and here the inclusion or omission of a *stød* can even alter the meaning of a word. (Tape):

Without stød	With stød
ved	ved
lever	lever
maler	maler
guld	gul
mor	mord
hun	hund
man	mand
bønner	bønder

A *stød* which is present in simple words will often disappear when they are compounded, e.g. *ur* (with *stød*) / *urmager* (without *stød*).

Intonation

Danish intonation is less varied than English, and a Danish sentence tends to be kept at the bottom of the speaker's natural tone scale. The normal pattern is, too, that the voice tends to drop at the end of a sentence. Danes move their lips less than the English, and this, together with the smaller variation in pitch, makes Danish sound less distinct. Danes are often accused by foreigners of swallowing their words, and there is no doubt that the vocalic r and the many soft consonants give the language an indistinct character to the foreigner. Certainly the English part of the present team remembers the surprise at being confronted with a Danish text and hearing it read aloud for the first time. However, it is perhaps a sobering thought that many Danes initially find English affected and have to force themselves into the greater variety of pitch when they embark on speaking it.

Individual sounds

/ä/ written **a**; the pronunciation approaches the **a** in English "bat", but is slightly more open.

alle [älə]	hans [häns]
dansk [dän'sg]	alligevel [ä'li:ə,væl]

Hans kommer altid om mandagen.

/a/ a deeper **a**; written **a**; the pronunciation approaches the **a** in English "bark".

lagt [lagd]	haft [hafd]
ham [ham]	bare ['ba:(r)ə]
barn [ba'n]	

Arne var bange i trafikken.

/e/ written **e** or **i**; the pronunciation approaches the **i** in English "slid".

ind [en']	ingen ['eŋ(ə)n]
ser [se'ɹ]	tilbage [te'bä:γə]

Lone havde lidt ondt i det ene ben.

/ə/ written **e**; the pronunciation is like the **e** in English "mother".

byen ['by'ən]	menneske ['mænsgə]
gerne ['gæɹnə]	børnene ['bö'ɹn(ə)nə]

Solen skinnede længe i haven.

/i/ written **i**; the pronunciation is close to the English **ea** in "heat".

is [i's]	fordi [fɔ'di']
siger ['si:ɔ]	hidsig ['hisi]

Den fine vin smagte dejligt.

/o/ written **o**; the pronunciation is close to the German **o** in "Kohl". Cf. the northern English **oa** in "coal".

nogen ['no:(ə)n]	modsat ['moðsäd]
to [to']	Odense ['o'ð(ə)nsə]

Mor var god mod den gamle kone.

/u/ written **u**; pronounced as the **oo** in English "boot".

du [du]	tur [tu'ɹ]
frue [fru:ə]	uvejr ['u,væ'ɹ]

Jeg burde kunne huske huset.

/y/ written **y**; the pronunciation is similar to German **ü** in "müde".

dyb [dy'b]	Fyn [fy'n]
lyder ['ly'ðɔ]	sydpå ['syðpå']

Der er bygget nye sygehuse i mange byer.

/æ/ written **e** or **æ**; the pronunciation is similar to the English **e** in "best".

dem [dæm]	men [mæn]
hver [væ'ɹ]	glæde ['glæ:ðə]

Kom her hen med den læsebog.

/ø/ written **y** or **ø**; the pronunciation is similar to German **ö** in "böse".

død [døð']	øvelse ['ø:v(ə)lsə]
begynder [be'gøn'ɔ]	rystede ['røsdəðə]

Jeg tilbød at løbe efter fløde.

/ö/ written **ø**; the pronunciation approaches the English **i** in "bird", but the lips are rounded and pushed further forward.

døren ['dö'ɹən]	grød [gröð']
tørrede ['töɹəðə]	sørgede ['söɣəðə]

Børnene kommer først på lørdag.

13

/ɔ/ written **o** or **å**; the pronunciation is similar to English **o** in "often".

fordi [fɔ'di']	som [sɔm]
nok [nɔg]	måtte ['mɔdə]
	hvordan [vɔ'dan]

Morfar kommer ofte med blomster.

/å̊/ written **o** or **å**.

noget ['nå̊(ə)ð]	bogen ['bå̊'ɣən]
år [å̊'ɹ]	vågnede ['vå̊unəðə]

Der lå mange små sten i åen.

/ɔu/ written **-og** or **-ov**; has no English equivalent, but is akin to the above two sounds.

dog [dɔu]	sovs [sɔu's]
og [ɔu]	over ['ɔu'ɔ]

Har du sovet derovre i skoven?

/ɔi/ written **-øg** or **-øj**; somewhat like the **oy** in "boy".

døgn [dɔi'n]	skøjter ['sgɔidɔ]
højre ['hɔiɹə]	bøjede ['bɔiəðə]

Mit tøj lugter af røg for øjeblikket.

/ai/ written **-ej, -aj, -ig, -eg**; like the **y** in English "fly".

nej [nai']	sig [sai]
mig [mai]	meget ['mai(ə)ð]

Jeg vil ikke se dig lege på vejen.

/au/ written **-av** or occasionally **af-, -ag-** or **-au-**; the pronunciation is like the English **ow** in "how".

tavs [tau's]	afsked ['au₁sgeð']
navn [nau'n]	pause ['pausə]

Claus kommer dagligt ned til havnen.

14

Consonants

/b/ written **b** or **p**; sounds like the English **b** in "ball".

bage ['bä:ɣə]   spiser ['sbi'sɔ]
eksempel [æg'sæ'mb(ə)l]   snaps [snabs]

Han blev tilbudt et ophold i Spanien.

/d/ written **d** or **t**; sounds like the English **t** in "ten".

doven ['dɔuən]   kaste ['käsdə]
dreng [dræŋ']   sendte ['sændə]

Han delte teltet med de andre.

/ð/ written **d** or in final position also **t**; sounds similar to the English **th** in "weather", but is much lighter. It is produced by touching the back of the teeth with the tongue, but not allowing the tongue to go between the teeth as in English.
It is never found at the beginning of a syllable.

glad [gläð]   fået ['få:(ə)ð]
lede ['le:ðə]   kød [köð]

De sad altid udenfor huset.

/f/ written **f**; sounds like the English **f** in "fed".

for [fɔ]   fryse ['fry:sə]
flad [flä'ð]   fanget ['faŋəð]

Efter biografen fik vi fat i en bil.

/g/ written **g** or **k**; sounds like the English **g** in "gun".

igen [i'gæn]   straks [strags]
glas [gläs]   gik [gig]

Banken ligger ved den gamle skole.

/γ/ "the soft g", written **g**; it is never found at the beginning of a syllable, and is in practice often lost altogether. When present, it is pronounced by approaching the vocal chords as though to say **g**, but not allowing them to touch. It requires a lot of practice!

uge ['u:(γ)ə]   dag [dä'(γ)]
sørge ['söɹyə]   krage ['kra:(γ)ə]

Lægen siger, jeg skal tage en dag fri.

/h/ written **h**; the sound as in English.

hun [hun]   hedder ['heð'ər]
hund [hun']   indeholde ['enəˌhɔl'ə]

De havde hemmeligheder for hinanden.

/j/ written **j**; sounds like the English **y** in "yes".

ja [jä]   jordbær ['joɹˌbæɹ]
tjeneste ['tjæ:n(ə)sdə]   ujævn ['ujæu'n]

Jeg tager til Jylland i julen.

/k/ written as **k**; sounds like the English **k** in "kiss".

kun [kån]   kvinde ['kvenə]
knælede ['knæ:ləðə]   kort [kɔd]

Min kone fik kjolen for kun hundrede kroner.

/l/ written **l**; sounds like the English **l** in "live".

lukke ['lågə]   altid ['älˌtið']
eller ['ælɔ]   glide ['gli:ðə]

Eleverne lo ad lærerens lille bil.

/m/ written **m**; sounds like the English **m** in "me".

mad [mäð]   storm [sdɔ'm]
sommer ['sɔmə]   muligvis ['mu:liˌvi's]

De gamle havde mange minder sammen.

16

/n/ written n; sounds like the English n in "needle".

andet ['änəð]   nødvendig [nøð'væn'di]
regning ['rainen̩]   and [än']

Jeg nyder sådan en natur.

/ŋ/ written ng or n(k); sounds like the ng in English "sing".

bange ['baŋə]   tvinger ['tveŋ'ɔ]
banke ['baŋgə]   streng [sdræŋ']

Drengekoret synger tit engelske sange.

/p/ written p; sounds like the English p in "pie".

prop [prɔb]   på [på(')]
papir [pä'pi'ɹ]   puste ['pu:sdə]

Politiet standsede alle private personvogne.

/r/ written r; for sound see account of r above.

deres ['dæɹ(ə)s]   hører ['hø:ɔ]
først [föɹsd]   rød [røð']

Min far har prøvet at skrive romaner.

/s/ written s; sounds like the English s in "see".

danse ['dänsə]   sine ['si:nə]
synes ['sy:nəs]   os [ɔs]

Der var syv lys tilbage i æsken.

/t/ written t; sounds like the English t in "tool".

time ['ti:mə]   deltaget ['del͵tä'(γ)əð]
trafik [tra'fig]   betaling [be'tä'len̩]

Han betalte to hundrede kroner på hotellet.

/v/ written v; sounds like the English v in "very".

virkelig ['viɹgəli]   være ['væ:ɔ]
varme ['va:mə]   vred [vreð']

De gravede snedriverne væk fra vejen.

17

The following very common words have a particularly unexpected pronunciation:

Modals
kan   Kan [ka] du høre mig?
skal   Skal [sga] vi spise nu?
vil   Vil [ve] du så tie stille!
kunne   Kunne [ku] jeg få et glas vand?
skulle Jeg skulle [sgu] hente et brev.

Verbs
have   Vil du have [ha] Carlsberg eller Tuborg?
blive   Du skal nok blive [bli(ə)] dygtig.
tage   Du skal bare tage [ta] den med ro.

Prepositions
til   Vi skal til [te] København i morgen.
med   Vil du med [mæ] i Tivoli?

The negative adverb *ikke*
    Vil du ikke [eg(ə)] have en kage?

Pronouns
det   Det [de] er varmt i dag.
de   Må jeg prøve de [di] sko?
De   Vil De [di] hjælpe mig?
jeg   Må jeg [jə] [jai] se?

At as part of the infinitive: Du er let at [å] forstå.
As a conjunction: Jeg ved, at [a(d)] han er englænder.

Drills

These drills are to be used in conjunction with the tape.
The correct answer is given in small print after each drill.

Nouns, indefinite singular to indefinite plural

e.g. Jeg vil gerne have en blomst. →
Vi har ingen blomster.

Jeg vil gerne have en avis.
Jeg vil gerne have et frimærke.
Jeg vil gerne have en kuglepen.
Jeg vil gerne have en konvolut.
Jeg vil gerne have en ordbog.
Jeg vil gerne have en is.
Jeg vil gerne have et lagen.
Jeg vil gerne have en skjorte.
Jeg vil gerne have en regnfrakke.
Jeg vil gerne have en urrem.
Jeg vil gerne have en melon.

Vi har ingen aviser/ ingen frimærker/ ingen kuglepenne/ ingen konvolutter/ ingen ordbøger/ ingen is/ ingen lagener/ ingen skjorter/ ingen regnfrakker/ ingen urremme/ ingen meloner.

Nouns, definite singular to definite plural. Adjectival agreement

e.g. Stolen er god. → Stolene er gode.

Stuen er varm.
Manden er gammel.
Håndklædet er vådt.
Pakken er tung.
Ringen er dyr.
Tæppet er fint.

Æblet er modent.
Planten er grøn.
Hesten er mager.
Haven er pæn.
Lagenet er blåt.
Værelset er lille.
Sømmet er rustent.

Stuerne er varme/ Mændene er gamle/ Håndklæderne er våde/ Pakkerne er tunge/ Ringene er dyre/ Tæpperne er fine/ Æblerne er modne/ Planterne er grønne/ Hestene er magre/ Haverne er pæne/ Lagenerne er blå/ Værelserne er små/ Sømmene er rustne.

Nouns, indefinite to definite.
Possessive adjectives/pronouns

Det er hans jakke. → Jakken er hans.

Det er mit ur.
Det er vores bil.
Det er deres hund.
Det er dine strømper.
Det er hendes taske.
Det er din bog.
Det er mine penge.
Det er jeres cykler.
Det er min billet.
Det er dit æble.
Det er hans skyld.

Uret er mit/ Bilen er vores/ Hunden er deres/ Strømperne er dine/ Tasken er hendes/ Bogen er din/ Pengene er mine/ Cyklen er jeres/ Billetten er min/ Æblet er dit/ Skylden er hans.

Give a negative answer

Insert *ikke* + pronoun instead of subject.

e.g. Er bogen god? → Nej, den er ikke god.

Er bilen dyr?
Er filmen lang?
Er toget forsinket?

Er mælken dårlig?
Er kaffen stærk?
Er maden færdig?
Er malerierne solgt?
Er gæsterne kommet?
Er tågen slem?
Er kopperne vasket op?
Er skatten høj?
Er opgaven nem?
Er din mor hjemme?
Er din far rask?

Nej, den er ikke dyr/ Nej, den er ikke lang/ Nej, det er ikke forsinket/ Nej, den er ikke dårlig/ Nej, den er ikke stærk/ Nej, den er ikke færdig/ Nej, de er ikke solgt/ Nej, de er ikke kommet/ Nej, den er ikke slem/ Nej, de er ikke vasket op/ Nej, den er ikke høj/ Nej, den er ikke nem/ Nej, hun er ikke hjemme/ Nej, han er ikke rask.

Adjectives, positive to superlative

e.g. Sikke en flot hare! → Ja, det er den flotteste, jeg har set.

Sikke en klog hund!
Sikke en tosset film!
Sikke nogle høje bjerge!
Sikke et stort skib!
Sikke nogle dårlige veje!
Sikke et dyrt billede!
Sikke en elegant bil!
Sikke nogle smukke roser!
Sikke en god udstilling!
Sikke et gammelt frimærke!
Sikke nogle smukke tæpper!
Sikke et lille hus!

Ja, det er den klogeste, jeg har set/ Ja, det er den mest tossede, jeg har set/ Ja, det er de højeste, jeg har set/ Ja, det er det største, jeg har set/ Ja, det er de dårligste, jeg har set/ Ja, det er det dyreste, jeg har set/ Ja, det er den eleganteste, jeg har set/ Ja, det er de smukkeste, jeg har set/ Ja, det er den bedste, jeg har set/ Ja, det er det ældste, jeg har set/ Ja, det er de smukkeste, jeg har set/ Ja, det er det mindste, jeg har set.

Verbs, perfect to preterite

Begin your answer with *ja* or *jo* and add *sidste år*.

e.g. Har du nogen sinde skrevet en bog? → Ja, jeg skrev en sidste år.

Har du nogen sinde syet en kjole?
Har du nogen sinde fundet et firkløver?
Har du aldrig set Eiffeltårnet?
Har du aldrig glemt Mors Dag?
Har du aldrig besøgt Marianne?
Har du nogen sinde malet dit hus?
Har du tømt din store vinkælder?
Har du nogen sinde vundet en præmie?
Har du købt en pels?
Har du aldrig mødt en ræv?

Ja, jeg syede en sidste år/ Ja, jeg fandt et sidste år/ Jo, jeg så det sidste år/ Jo, jeg glemte den sidste år/ Jo, jeg besøgte hende sidste år/ Ja, jeg malede det sidste år/ Ja, jeg tømte den sidste år/ Ja, jeg vandt en sidste år/ Ja, jeg købte en sidste år/ Jo, jeg mødte en sidste år.

Verbs, modal plus infinitive to perfect tense

e.g. Jeg vil grave min have. → Jeg har lige gravet min.

Jeg vil spise min kage.
Jeg skal til at læse mine lektier.
Jeg vil snart sælge min bil.
Jeg skal snart pudse mine vinduer.
Jeg vil stryge mit tøj.
Jeg må hellere skrive min opgave.
Jeg vil lige smøre min madpakke.
Jeg vil snart klippe min hæk.
Jeg må snart hente min billet.
Jeg skal til at vaske mit hår.

Jeg har lige spist min/ Jeg har lige læst mine/ Jeg har lige solgt min/ Jeg har lige pudset mine/ Jeg har lige strøget mit/ Jeg har lige skrevet min/ Jeg har lige smurt min/ Jeg har lige klippet min/ Jeg har lige hentet min/ Jeg har lige vasket mit.

Word order. Inverted word order with object at beginning of sentence

e.g. Jeg vil gerne prøve den kjole. → Den kjole vil jeg gerne prøve.

Jeg vil gerne lære det sprog.
Frederik kan godt hente den avis.
Vi tør ikke købe den dyre bil.
Jeg må se den artikel.
Jeg vil gerne se den film.
Han gider ikke læse den bog.
Thorvaldsen har lavet den statue.
Jeg skal nok vaske den trøje.
Du kan ikke forstå den tekst.
Jeg vil gerne have det æble.

Det sprog vil jeg gerne lære/ Den avis kan Frederik godt hente/ Den dyre bil tør vi ikke købe/ Den artikel må jeg se/ Den film vil jeg gerne se/ Den bog gider han ikke læse/ Den statue har Thorvaldsen lavet/ Den trøje skal jeg nok vaske/ Den tekst kan du ikke forstå/ Det æble vil jeg gerne have.

Direct speech to indirect speech

e.g. Mor sagde: „Jeg har lukket vinduerne." → Mor sagde, at hun havde lukket vinduerne.

Maleren sagde: „Jeg er færdig."
Købmanden sagde: „Jeg har desværre ikke mere mælk."
Børnene råbte: „Vi vil ikke ind."
Professoren spurgte: „Er alle kommet?"
Eleverne spurgte: „Må vi ikke se film?"
Lægen spurgte: „Hvor gør det ondt?"
Kim sagde til Mads: „Du må ikke gå!"
Tandlægen sagde til Anne: „Du har ingen huller!"
Manden spurgte drengene: „Har I stjålet de æbler?"
Chaufføren spurgte turisten: „Hvor skal De hen?"

Maleren sagde, at han var færdig/ Købmanden sagde, at han desværre ikke havde mere mælk/ Børnene råbte, at de ikke ville ind/ Professoren spurgte, om alle var kommet/ Eleverne spurgte, om de ikke måtte se film/ Lægen spurgte, hvor det gjorde ondt/ Kim sagde til Mads, at han ikke måtte gå/ Tandlægen sagde til Anne, at hun ingen huller havde/ Manden spurgte drengene, om de havde stjålet de æbler/ Chaufføren spurgte turisten, hvor han skulle hen.

23

Word order

Combine the two sentences so that the second of them becomes a subordinate clause of reason beginning with *fordi*.

e.g. Jens skyndte sig. Han ville ikke komme for sent. → Jens skyndte sig, fordi han ikke ville komme for sent.

Inger gemmer sig. Hun vil ikke hjem.
Bent blev skældt ud. Han havde ikke ordnet haven.
Karen er ked af det. Hun har ikke hørt hjemmefra.
Lars græder. Han vil ikke vaskes.
Børnene blev rost. De havde ikke forstyrret.
Maren kom ikke med. Der var ikke plads i bilen.
Sekretæren måtte gå hjem. Hun var ikke rask.
Vi blev glade. Regningen var ikke så stor.
Niels gik ikke i biografen. Han havde ingen penge.
Ole blev overrasket. Lise var ikke kommet.
De kom ikke på tur. Solen skinnede ikke.

Inger gemmer sig, fordi hun ikke vil hjem/ Bent blev skældt ud, fordi han ikke havde ordnet haven/ Karen er ked af det, fordi hun ikke har hørt hjemmefra/ Lars græder, fordi han ikke vil vaskes/ Børnene blev rost, fordi de ikke havde forstyrret/ Maren kom ikke med, fordi der ikke var plads i bilen/ Sekretæren måtte gå hjem, fordi hun ikke var rask/ Vi blev glade, fordi regningen ikke var så stor/ Niels gik ikke i biografen, fordi han ingen penge havde/ Ole blev overrasket, fordi Lise ikke var kommet/ De kom ikke på tur, fordi solen ikke skinnede.

Word order

Combine the two sentences so that the first becomes a subordinate clause of time or reason, beginning with *da:*

e.g. Regnen kom. Vi gik hjem. → Da regnen kom, gik vi hjem.

Brevet kom. Jeg blev glad.
Vejret blev godt. Vi tog afsted.
Skibet sejlede. Mor græd.
Det blev morgen. Solen stod op.
Per havde fået løn. Han følte sig rig.
Mine forældre var i Rom. De så paven.
Lyset gik ud. Ida blev bange.

Johan kom ikke. Birthe gik i seng.
De kunne ikke tysk. De forstod ikke turisterne.
Børnene havde ingen penge. De kunne ikke købe noget.

Da brevet kom, blev jeg glad/ Da vejret blev godt, tog vi af sted/ Da skibet sejlede, græd mor/ Da det blev morgen, stod solen op/ Da Per havde fået løn, følte han sig rig/ Da mine forældre var i Rom, så de paven/ Da lyset gik ud, blev Ida bange/ Da Johan ikke kom, gik Birthe i seng/ Da de ikke kunne tysk, forstod de ikke turisterne/ Da børnene ingen penge havde, kunne de ikke købe noget.

I: Verbs plain and simple

The following is intended as no more than a brief survey of certain Danish verbal forms, sufficient to enable you to cope with the exercises based on the chapters on nouns and articles. Verbs will be dealt with in Chapter X.

In comparison with French or German, English verbs are simple in form. In comparison with English, Danish verbs are simplicity itself. There are two regular patterns or conjugations; both form the *present tense in the stem plus* **-er.** One, the more common, forms the *past in the stem plus* **-ede,** while the other forms it in the *stem plus* **-te.** There might be slight variations, such as the doubling of consonants or vowel changes, and there are, of course, irregular verbs, two of which are included in the list.

There is no agreement in either number or gender in Danish verbs today. This is even simpler than what happens in English verbs, where one change does occur in the third person singular of the present tense. Let us take the verb *at sende* – "to send" – and compare the English and Danish forms:

Present tense

jeg		I send
du		you send
han		he
hun	sender	she } sends
den *or* det		it
vi		we
I/De		you } send
de		they

Past tense

jeg		I
du		you
han		he
hun	sendte	she } sent
den *or* det		it
vi		we
I/De		you
de		they

In modern Danish there is not and cannot be any variation to this pattern.

For present purposes, then, we can take ten verbs, all of which can take both a direct and an indirect object, and we will limit ourselves to the simple present and past tenses. As there are no grammatical case endings to distinguish between direct and indirect objects, you should without difficulty be able to construct simple sentences based on these verbs and the nouns in the next chapter, remembering, however, that *the indirect object will precede the direct object:*

e.g.

Han gav manden hatten.	He gave the man the hat.
De viste barnet huset.	They showed the child the house.

The simplest forms of our ten verbs, then, are as follows:

	stem	*present*	*past*
to catch	fang	fanger	fangede
to explain	forklar	forklarer	forklarede
to fetch	hent	henter	hentede
to pay	betal	betaler	betalte
to tell	fortæl	fortæller	fortalte
to lend	lån	låner	lånte
to send	send	sender	sendte
to show	vis	viser	viste
to bring	bring	bringer	bragte
to give	giv	giver	gav

The negative particle *ikke* – "not" – follows the simplex verbs, and there is no change in the verbal construction as there often is in English:

Positive

Jeg henter bogen.	I fetch the book.
Jan forklarede mor problemet.	Jan explained the problem to mother.
De viste manden huset.	They showed the man the house.

Negative

Jeg henter ikke bogen.	I do not fetch the book.
Jan forklarede ikke mor problemet.	Jan did not explain the problem to mother.
De viste ikke manden huset.	They did not show the man the house.

II: The article

Whereas in English there is a clear difference in form between the definite and indefinite articles, the main difference in Danish is in the *position,* in that the definite article is enclitic (i.e. attached to the end of the noun in question), while the indefinite article precedes its noun.

II.1 The singular

II.1.1 The *indefinite article* is *en* for the common gender and *et* for the neuter gender, the only two genders in Danish:

en dag	(a day)
en pige	(a girl)
en mus	(a mouse)
et hus	(a house)
et hjerte	(a heart)
et får	(a sheep)

II.1.2 Put into the *definite form* these become:

dag**en**	(the day)
pig**en**	(the girl)
mus**en**	(the mouse)
hus**et**	(the house)
hjert**et**	(the heart)
får**et**	(the sheep)

II.1.3 Note that if the definite article is added to a word already ending in an unstressed **-e**, the **-e** of the article drops out: pige/pigen; hjerte/hjertet. However, if the final **-e** is stressed, the full article **-en/-et** is used: en ske/skeen; en ble/bleen.

II.1.4 Apart from this, the noun itself *can* undergo slight changes when adding the definite article. These are generally words ending in a short vowel + a single consonant, and words ending in **-el, -en, -er.** However, these changes will rarely

29

cause misunderstandings, and the difficulty of applying them in practice will be minimal as you become familiar with the pronunciation of the words concerned. They will be dealt with at greater length in the chapter on nouns (III.2.5); meanwhile, here are a few examples:

en hat/hatten	(hat)
et tal/tallet	(number)
en pupil/pupillen	(pupil of the eye)
en cirkel/cirk(e)len	(circle)
et lagen/lag(e)net	(sheet)

II.1.5 A special case is the Danish word for world, *verden*, the **-en** of which is in fact a built-in definite article. So it will usually omit what is really a superfluous extra **-en** signifying the definite article. There may well be some variation in usage – though in compounds the definite article will always be added:

Verden er gammel.   The world is old.

BUT:

dyreverdenen   the animal world
Orfeus i underverdenen   Orpheus in the Underworld

II.1.6 Certain Greek and Latin loanwords ending in **-ium** will drop the **-um** in adding the definite article:

akvarium/akvariet
studium/studiet
museum/museet
(See III.2.6 for the behaviour of these
nouns in forming the plural).

II.2 The plural

As in English, the plural has a definite but no indefinite article. This definite article is again enclitic and normally consists of **-ne** added to the plural of the noun. Monosyllabic nouns which remain unaltered in the plural add **-ene** to the final consonant. No distinction is made between neuter and common gender nouns.

Singular	Plural	Plural + article
dag	dage	dagene
pige	piger	pigerne
mus	mus	musene
hus	huse	husene
hjerte	hjerter	hjerterne
får	får	fårene

(For guidelines on the formation of noun plurals see III.2.1).

As always, there is an exception to the general rule, though in this case there appears only to be one: *menneske* (human being). This pluralises regularly to *mennesker*, but it then becomes the only word in Danish to lose the plural -r on adding the definite article; *the* human beings thus becomes *menneske*ne.

II.3 The use of the definite article

varies in English and Danish, and some of the most important differences are listed in the following.

II.3.1 Danish omits the definite article where it would be used in English:

II.3.1.1 in denoting the points of the compass together with *venstre* (left) and *højre* (right):

til højre	to *the* right
Solen står op i øst.	The sun rises in *the* east.
nord for	to *the* north of

II.3.1.2 in many names of ships, hotels, public buildings etc.:

Dana Regina	*the* Dana Regina
Sheraton	*the* Sheraton
Tower	*the* Tower

II.3.1.3 in many geographical names, including the names of rivers:

Volga	*the* Volga
Sahara	*the* Sahara
Lillebælt	*the* Little Belt
Kattegat	*the* Kattegat

31

II.3.1.4 in grammatical terms:

    flertal   *the* plural

II.3.1.5 in many set phrases:

spille guitar	play *the* guitar
høre radio	listen to *the* radio
spille idiot	act *the* fool
have ret til	have *the* right to

II.3.1.6 In expressions indicating numerical order and the attributives for "following", "above-mentioned", "same", plus one or two less common expressions, the article need not be used in Danish, whereas it is standard in English:

første gang jeg så dig	*the* first time I saw you
sidste gang han var	*the* last time he was
i København	in Copenhagen
ovennævnte begivenhed	*the* above-mentioned event
samme aften	*the* same evening
på samme tid	at *the* same time

Note that in these examples Danish *can* use the definite article, but it will not be the enclitic article, as the noun is preceded by an adjective. (See IV.1.1.2).

II.3.2 Danish uses the definite article as opposed to English indefinite or no article at all:

II.3.2.1 before expressions of *time, weight, quantity* etc.:

en gang om ugen	once *a* week
to kroner stykket	two kroner *a* piece
tyve kroner kiloet	twenty kroner *a* kilo

II.3.2.2 when abstracts and certain other nouns are used in a general sense:

Lysets hastighed er 300.000 kilometer i sekundet.	The speed of light is 300.000 km *a* second.
Livet er kort, men evigheden er lang.	Life is short, but eternity is long.
Han blev dømt til døden.	He was condemned to death.

Mennesket råder over verden.	Mankind rules the world.

II.3.2.3 in certain set phrases:

at tage til by**en**	to go to town
at bo i by**en**	to live in town
Han spiller fodbold om l**ø**rdagen.	He plays football on Saturdays.

II.3.3 Certain constructions entailing the definite article are different in Danish from English:

II.3.3.1 The adjectives *al* (all), *hele* (all, the whole) and *selve* (the very, the actual) are followed by the noun plus the enclitic article. Contrast this with the normal behaviour of adjectives (IV.1.1.2).

al mad**en**	all the food
på selve dag**en**	on the very day
Han blev hele natt**en**.	He stayed all night.

(In early texts you may find „den hele dag", but this construction is scarcely used any longer and should not be copied).

II.3.3.2 References to parts of the body and to clothing will often be made by means of the definite article, particularly when it is obvious they belong to the subject of the clause concerned:

Hun rystede på hoved**et**.	She shook *her* head.
Han skar sig i hånd**en**.	He cut *his* hand.
Han tog skjort**en** af.	He took off *his* shirt.

II.4 The use of the indefinite article

II.4.1 Danish omits the indefinite article where it would be used in English:

II.4.1.1 In expressions denoting status, nationality, religion, Danish omits the indefinite article when the phrase is used either predicatively or in apposition to the subject:

Han var dansker.	He was *a* Dane.
Som barn var han kvik.	As *a* child he was bright.
Jørgen er katolik.	Jørgen is *a* Catholic.
Inger er sygeplejerske.	Inger is *a* nurse.

II.4.1.2 In certain indeterminate but limiting expressions of quantity the indefinite article is omitted in Danish:

Der er kun lidt brød tilbage.	There is only *a* little bread left.
Der var kun få mennesker på gaden.	There were only *a* few people in the street.
Der er lidt mere kød.	There is *a* little more meat.

II.4.1.3 Certain set phrases:

at have travlt	to be in *a* hurry
at have ret til	to have *a* right to
for lang tid siden	*a* long time ago
for kort tid siden	*a* short time ago
som regel	as *a* rule
det er løgn	it is *a* lie
at tage plads	to take *a* seat
at have feber	to have *a* temperature

II.4.2 Certain constructions entailing the indefinite article are different in Danish from English:

II.4.2.1 *en del* – part – always requires the article in Danish:

en del af huset	part of the house
Det er kun *en* del af historien.	It is only part of the story.

II.4.2.2 In certain phrases of degree or quantity, where the position of the indefinite article in English might vary, it is fixed in Danish:

en helt flink fyr	quite a nice chap
et ret svært arbejde	rather a difficult job OR: a rather difficult job
en halv time	half an hour OR: a half hour

III: Nouns

III.1 Gender

Danish has two genders, *common* and *neuter* (cf. II.1.1), both of which have a purely grammatical function. Of the two, the common gender accounts for some 75% of all nouns.

The connection between gender and sex is tenuous. However, as the common gender encompasses a large proportion of what used to be masculine and feminine nouns in Old Danish, words with a clear connection with biological sex (e.g. *mand* – man; *onkel* – uncle; *pige* – girl) automatically become common gender, whether or not they are simplex words or derivatives (e.g. *ven/veninde* – male friend/female friend).

Apart from this it is difficult to say precisely what is characteristic for common and neuter gender words, except, negatively, that there appears to be no relationship to animate or inanimate concepts. Thus it is impossible to give firm rules governing the gender of nouns without producing impossibly long lists of exceptions. However, certain tendencies are discernible and will be listed in the following – but they do not make the use of a dictionary superfluous!

III.1.1 *Monosyllables* show no clear tendency. On the whole the sense rather than the form of the word seems to be decisive: *et* hus, *et* læs (load) but *en* mand, *en* hest (horse).

III.1.2 *Words of two syllables* ending in **-e** will normally be common gender. BUT: *et* hjerte (heart), *et* hjørne (corner).

en havre(r), en fare(r)

III.1.3 *Certain endings indicate gender:*

en skrivelse, en betaendelse

-else is normally common gender. BUT: *et* værelse (room) and *et* spøgelse (ghost).

-dom is always common gender.

-hed is always common gender. *en mulighed*
en storhed
en mordomhed

35

-ende is always neuter except the word *ende* (end) itself, which is common gender.

-skab is usually neuter, but there are many exceptions, e.g. egenskab (quality), troskab (loyalty), videnskab (science).

III.1.4 *Compound nouns* usually take their gender from that of the last component:

en moder (mother) + *et* mål (tongue, language)
= *et* modersmål (a mother tongue)
et hjerte + *en* sygdom (disease)
= *en* hjertesygdom (a heart disease)

(Cf. III.1.8 below).

III.1.5 *Foreign loans* do not automatically take the gender they originally had.

III.1.6 *Words with special feminine endings* (i.e. words denoting females) are obviously also common gender. The most common of these endings are: **-esse; -ice; -inde; -øse.**

III.1.7 *Certain concepts are associated with neuter gender:*

III.1.7.1 certain living creatures irrespective of sex: et menneske, et barn (child), et dyr (animal), et individ (individual).

III.1.7.2 many collectives: et folk (a people), et følge (a company, retinue), et selskab (party).

III.1.7.3 many terms for area or extent: et land (country), et distrikt (district).

III.1.8 *Compounds* are seen more often in Danish than in English. Nouns are compounded in the following ways:

III.1.8.1   directly:
kirke + musik   kirkemusik (church music)
hus + hjælp   hushjælp (domestic help)
ord + bog   ordbog (dictionary)

III.1.8.2 connected by -s-:

sind + lidelse	sindslidelse (mental disorder)
sind + tilstand	sindstilstand (state of mind)
vindue + glas	vinduesglas (window glass)
søndag + barn	søndagsbarn
	(child born on a Sunday)

III.1.8.3 connected by -e-:

hund + hoved	hundehoved (dog's head)
stol + ryg	stoleryg (chair back)

III.1.8.4 occasionally connected by -en- or -n-:

ris + gryn	risengryn (grain of rice)

III.2 The plural

III.2.1 There are three basic ways of forming the plural of Danish nouns:

by adding -(e)r to the singular form

by adding -e to the singular form

by keeping the singular form unchanged.

In a minority of cases these plural forms are accompanied by a mutation of the vowel in the noun stem, e.g. en bonde (farmer)/bønder (cf III.2.4 below). Roughly 60% of all nouns pluralise by adding -(e)r, 25% by adding -e and 15% by remaining unchanged.

Singular	Plural
en pige	piger
en bil (car)	biler
en dag (day)	dage
en mus	mus
et hjerte	hjerter
et hoved (head)	hoveder
et hus	huse
et æg (egg)	æg

III.2.2 *Morphologically* it is difficult to point to distinct tendencies for the formation of the plural. Gender has little significance. Compounds will normally form their plural in accordance with the last element, e.g. gårdmand (farmer) – gårdmænd. NOTE: barnebarn (grandchild) – børnebørn.

III.2.3 It is likewise difficult to find rules for the formation of the plural on any *phonological* basis. However, certain tendencies can be observed:

III.2.3.1 Words ending on an *unstressed* syllable. Words of more than one syllable ending in an unstressed -e will normally add -r:

en gade (street)	gader
et billede (picture)	billeder
en krone (crown)	kroner

There is *one* exception: *et tilfælde* (case, instance) remains unchanged in the plural.

Words ending in -er normally add -e:

en lærer (teacher)	lærere
en gyser (thriller)	gysere
et kammer (small room)	kamre

(See also under Syncope, III.2.5 below).

Words ending in -el normally add -er:

en længsel (longing)	længsler
en dæksel (manhole cover)	dæksler
et middel (means)	midler

(See also under Syncope, III.2.5 below).

Some more or less metaphysical exceptions:

en engel (angel)	engle
en djævel (devil)	djævle
en himmel (heaven, sky)	himle

38

Words ending in **-en** normally add **-er:**

et køkken (kitchen)	køkkener
et lagen (sheet)	lag(e)ner
et dækken	
(horse blanket)	dækkener

(See also under Syncope, III.2.5 below).

Words ending in **-ed** (few as they are) will normally add **-er:**

et hoved	hoveder
et marked (market)	markeder
en måned (month)	måneder

III.2.3.2 Words ending on a *stressed* syllable:
Monosyllables ending in a vowel will normally pluralise in
-er:

en ø (island)	øer
en å (stream)	åer
en ske	skeer

Exceptions: en sko (shoe) – sko; et knæ (knee) – knæ.

Monosyllabic diphthongs show no distinct tendency:

en vej (road, way)	veje
en streg (line)	streger
et løg (onion, bulb)	løg

III.2.4 Vowel mutation in the plural:
Apart from the three regular ways of forming the plural, some
nouns (often quite common ones) also undergo a vowel chan-
ge. Usually this implies that the **-a-** or **-å-** in the original
singular becomes **-æ-** in the plural, while **-o-** may become **-ø-**.

III.2.4.1 Nouns pluralising in **-r:**

en nat	nætter
en hånd	hænder
en bog	bøger
en ko	køer
en bonde *peasant*	bønder

39

III.2.4.2 Nouns pluralising in **-e:**

broder (brother)	brødre
fader (father)	fædre
moder (mother)	mødre

BUT:

datter (daughter)	døtre

III.2.4.3 Nouns taking no plural ending:

mand	mænd
gås (goose)	gæs
barn (child)	børn

III.2.4.4 The words *moder, fader, broder* require special attention. Fundamentally they behave like other words ending in **-er**, and they have a mutated plural form:

fader – faderen – fædre
moder – moderen – mødre
broder – broderen – brødre

In the singular indefinite, however, they also have contracted forms: *far, mor, bror.* These are always used in the spoken language and in the informal written language.

In conjunction with a definite article the spoken language still bases itself on these forms, but the written language much prefers the long forms:

faderen, moderen, broderen.

There is only one form in the plural:

fædre(ne), mødre(ne), brødre(ne).

III.2.5 *Syncope and doubling of consonants*
In (II.1.4) it was shown that the unstressed **-e-** in nouns ending in **-el, -en, -er** might be lost when that noun adds the definite article. This change, known as *syncope,* is more likely to occur in those same nouns when they form the plural. If syncope takes place in a noun in which the **-e-** is preceded by a double consonant, then that consonant will be simplified, e.g. *sommer/somre.*

The following list gives some examples of some of these changes. Where two forms are possible, the alternative spelling is indicated by the letters in brackets:

40

et køkken – køkkenet – køkkener
en sommer – sommeren – somre
en vinter – vint(e)ren – vintre
et æsel – æs(e)let – æsler (donkey)

Syncope only takes place when the vowel in a final syllable is an unstressed -e-. If, however, the vowel in a final syllable is short but stressed, the final consonant will be doubled when the article is added or the noun pluralised:

et hotel – hotellet – hoteller
et telegram – telegrammet – telegrammer
en butik – butikken – butikker

III.2.6 *The plural of foreign loanwords*
Most foreign loans which have been thoroughly assimilated into Danish pluralise in -r. Those which are still felt to be loans, including many technical words, show a greater tendency to follow their own original plural:

From Greek and Latin:

faktum	fakta
kvantum	kvanta
visum	visa

BUT:

ministerium	ministerier
verbum	verber
eksamen	eksamener *or* eksaminer
kollega	kolleger *or* kollegaer

English and French loans present certain difficulties, as the normal plural -s is not easily accommodated in Danish, especially when the article is added to the plural form. There is thus a good deal of variation to be found:

check	checks
film	film
	(replacing older *films*)
sweater	sweaters *or* sweatere
point	points *or* point

III.2.7 *Special cases in the plural*

III.2.7.1 Certain nouns are only found in the singular. If a plural is required (usually with a more concrete meaning than the original singular), some other word or compound must be used:

Singular	Plural
død (death)	dødsfald
håb (hope)	forhåbninger
strid (struggle)	stridigheder
nød (need)	trængsler

III.2.7.2 As in English, some nouns only appear in the plural:

briller	spectacles
bukser	trousers
trusser	briefs
slacks	slacks
mæslinger	measles
forældre	parents

NOTE: As in English, a singular form *forælder* (parent) does sometimes appear, but is not generally accepted.

søskende	siblings
	(brothers and sisters)

(NOTE: *søskende* is in everyday use in Danish).

III.2.7.3 The following are singular in Danish but plural in English:

aske	ashes
indhold	contents
havre	oats
rigdom	riches
løn	wages

III.2.7.4 Certain nouns, usually abstract or general in nature, are perfectly regular in Danish, having both singular and plural forms. English, on the other hand, lacks a specific word with which to express the singular of these Danish words, and has to resort to phrases instead:

Danish singular	
et møbel	a piece of furniture
en oplysning	a piece of information
en rente	a rate of interest
et råd	a piece of advice

Danish plural

møbler	furniture
oplysninger	information
renter	interest
råd	advice

Note that in Danish money – *penge* – is always plural and must be treated numerically and not quantitatively.

III.3 The genitive

It has already been indicated that grammatical case has little importance in Danish. Apart from relics of earlier case endings found in a few set phrases and compounds, there is really only the genitive to consider. It affects only nouns, is indicated by -s in both the singular and the plural, and is *used more widely in Danish than in English,* where prepositions are often used instead. An example of this has already been seen in the phrase *lysets hastighed,* corresponding to the English "the speed of light".

This phrase also illustrates another peculiarity of the Danish genitive, in that the -s will normally be added to the noun, but *to the enclitic article if it is present.* Some examples:

en mands hat
mandens hat
mænds tøj
mændenes tøj
en kirkes tag   (the roof of a church)
kirkens tag
kirkers tage
kirkernes tage

Like English, Danish *can* avoid the genitive by substituting a preposition, but whereas English will normally use "of" in such cases, Danish will not. The Danish preposition will often be the one logically associated with the relationship between the two phenomena; thus, if we take the church and its roof, English will say "the roof *of* the church", but Danish will be more precise and say "the roof *on* the church": "taget *på* kirken". Not all prepositions used in these circumstances in Danish appear to be quite so logical, however.

43

III.4 Proper nouns

In Danish, as in English, proper nouns require capital letters, but there is some difference between the two languages on the definition of proper nouns and the extent to which capital letters should be used. For complex names there is often some uncertainty even among Danes as to what is correct.

III.4.1 Names of people and places all need capital letters:

Marie   Nielsen   Europa

III.4.2 Common nouns are capitalised when used as proper nouns:

Norden (i.e. Scandinavia)
Grenen (the northernmost point of Jutland)
Sundet (the waters between Denmark and Sweden)

III.4.3 Religious names are capitalised:

Gud   Frelseren

III.4.4 In names based on two elements, both elements are capitalised:

Valdemar Atterdag   Rosenborg Slot
Vilhelm Erobreren

III.4.5 In names based on more than two elements, the first and the last elements are capitalised:

Det kongelige Teater   Gorm den Gamle

However, the form *De Forenede Nationer* will be found, perhaps because of the common abbreviation to FN.

III.4.6 Derivatives of proper nouns are not capitalised:

en muhamedaner   en lutheraner   en marxist

III.4.7 The names of days, months and religious festivals are not treated as proper nouns in Danish and are not capitalised:

søndag   februar   påske

NOTE 1: It is not usual to capitalise *herr* (always abbreviated to *hr.*), *fru* or *frøken* when they precede a name unless they head an address or start a sentence:

Dér kommer jo fru Petersen.
Her er et telegram til hr. Ludvigsen.
Kære fru Sørensen!

Fru and *frøken* can both be abbreviated to *fr.*; *frøken* is often abbreviated to *frk.*

NOTE 2: Remember that the three nouns, *herre*, *frue* and *konge* are shortened to *herr (hr.)*, *fru* and *kong* when followed by a name:

Der var engang en konge. BUT: Kong Christian IV.
Jeg vil gerne se Dem og Deres frue til middag.
BUT: Fru Jensen kommer ikke i dag.
Vores nabo er en vanskelig herre.
BUT: Hr. Hansen har sendt blomster.

III.5 Nationalities

The names of countries are always capitalised, but adjectives derived from them and the nouns denoting the people who live in them are not. Thus:

Danmark	dansk	en dansker
Norge	norsk	en nordmand
Finland	finsk	en finne

Sun. søndag
Mon. mandag
Tue. tirsdag
Wed. onsdag
Thu. torsdag
Fri. fredag
Sat. lørdag

IV: Adjectives

IV.1 Inflexions

The basic adjective in Danish can be inflected in two ways: a) the *indefinite form*, in which the shape of the adjective is determined by the number or gender of the noun with which it is associated, and b) the *definite form*, in which it is the preceding definite article, possessive or demonstrative adjective which determines the form. In this case the number and gender of the noun are of no significance.

IV.1.1 *Attributive adjectives*
IV.1.1.1 *Indefinite form.* This inflexion occurs when the adjective is preceded by the indefinite article or no article at all.

In the singular, gender is indicated. The simple rule, obviously reminiscent of that governing the article, is that to indicate the neuter singular an adjective normally adds -t to its basic form.

Common	*Neuter*
en flink pige	et flinkt barn
en sjælden bog	et sjældent syn
god mad	godt vejr

In the plural -e is normally added to the basic form. Gender is of no significance.

Singular	*Plural*
common:	
en dejlig stol	dejlige stole
en sød pige	søde piger
neuter:	
et dejligt tæppe	dejlige tæpper
et sødt barn	søde børn

IV.1.1.2 *Definite form.* A special circumstance arises in connection with the definite form of the adjective. As already seen, the definite article is enclitic when used with a noun standing alone: *mand/manden.* However, when the noun is preceded by an adjective, a different way of expressing the definite

form is needed. This is achieved by the use of *den/det/de* instead of the common/neuter/plural enclitic articles, which are then dropped.

Singular

stolen	**den** gode stol
tæppet	**det** fine tæppe

Plural

stolene	**de** gode stole
tæpperne	**de** fine tæpper

As these examples show, the definite form of the adjective ends in **-e**, irrespective of number or gender. In other words, the adjective in the definite form is identical with the plural of the adjective in the indefinite form.

NOTE: *Den/det/de* are in fact demonstratives with the real meaning of that/those. This/these is conveyed by *denne/ dette/disse,* which are also followed by adjectives in the definite form. Possessives and nouns in the genitive likewise demand the definite form of the adjective:

denne hvide maling
disse røde tæpper
mit pæne bord
mandens elskede bøger

(See also the sections on Possessives and Demonstratives, VII.6.&7.).

IV.1.2 *Predicative adjectives*
When used predicatively, i.e. as the predicate of the verbs "to be", "to become", etc., the adjective will be in the indefinite form and agree in number and gender with the nouns to which it refers.

en smuk regnbue	En regnbue er smuk.
et uskyldigt barn	Et barn er uskyldigt.
dejlige kager	Kager er dejlige.
den smukke regnbue	BUT: Regnbuen er smuk.
det uskyldige barn	BUT: Barnet er uskyldigt.
de dejlige kager	BUT: Kagerne er dejlige.

IV.2 Usage

IV.2.1 *Nouns followed by an adjectival clause* will normally be preceded by *den/det/de* instead of using the enclitic article:

> Det hus, (som) de bygger her på vejen, bliver meget stort.
> De sko, (som) jeg prøvede i dag, var for små.
> Den flyvemaskine, (som) mor rejste med i går,
> var forsinket.

This is not an inflexible rule, and there is a growing tendency in modern, especially colloquial, Danish to use the enclitic article. However, you are advised to use the form above rather than to experiment.

IV.2.2 As the object predicate the adjective follows the general rule and agrees with its noun in number and gender:

> Søren malede døren rød.
> Søren malede huset rødt.
> Søren malede to vægge/væggene røde.

IV.2.3 In contrast to English, but as in many other languages, the adjective in Danish can function as a noun. In English an adjective plus a pronoun will usually be required:

Min gamle bil gik i stykker, så jeg købte mig *en ny*.	My old car broke down, so I bought myself a new one.
den onde	*The Evil One*
Han gjorde *det rigtige*.	He did *the right thing*.
Moderen passede *de små* hele dagen.	The mother looked after *the little ones* all day.
blandt *andet*	among *other things* (inter alia)

IV.2.4 *Special cases.* The following should be noted in connection with adjectival inflexion:

IV.2.4.1 Adjectives ending in an unstressed **-e**, including ordinal numbers and present participles, do not inflect:

> et øde hus
> et tredje eksempel
> et levende menneske

48

IV.2.4.2 Adjectives ending in a stressed vowel do not normally add **-e**:

> det sky dyr
> de blå huse

> Note that the adjectives *fri* and *ny* can add **-e**, but will not necessarily do so:

> de ny (nye) stater i Afrika

IV.2.4.3 Adjectives ending in a vowel do not normally add **-t** in the neuter:

> et ublu tilbud
> et snu blik

> However, adjectives ending in **-å** plus *fri* and *ny* do add **-t**:

> et blåt hus   et nyt køkken   et frit system

IV.2.4.4 Adjectives ending in **-t** cannot add an extra **-t** in the neuter:

> en tæt kreds   et tæt krat

IV.2.4.5 Adjectives ending in **-d** usually add **-t**:

> en våd klud   et vådt håndklæde
> en god ven   et godt arbejde

> There is, however, a small group which remains unaltered:

> en glad dreng   et glad menneske
> en fremmed by   et fremmed land

IV.2.4.6 Adjectives ending in **-isk** or **-sk** do not add **-t** in the neuter:

> et morderisk angreb
> et dansk initiativ

IV.2.4.7 Adjectives ending in an unstressed **-el, -en, -er** show the same tendencies as nouns with the same endings when adding **-e**. (See III.2.5).

> en gammel mand   et gammelt hus
> BUT:
> gamle mænd   gamle huse

49

en rusten lås	et rustent søm
BUT:	
rustne låse	rustne søm
en lækker kage	et lækkert brød
BUT:	
lækre kager	lækre brød

IV.2.4.8 Adjectives ending in an unstressed **-et** (most of which in practice are past participles) change the **-et** to **-ede** in the definite case and the plural:

en elsket hund   den elskede hund
en tilføjet sætning   den tilføjede sætning

IV.2.4.9 Adjectives ending in a stressed short vowel followed by a single consonant will double the consonant in adding **-e**:

en grøn plante – et grønt hus – grønne planter
en bekvem stol – et bekvemt værelse – bekvemme lejligheder

IV.2.4.10 In certain set phrases the adjective does not inflect:

De er ikke værd at samle på.
Vi er vant til at være alene.
Løberne var parat(e) til start.
Skibene var nødt til at vende om.

IV.2.4.11 There is no plural to *lille*, and the word *små* is used instead:

en lille stue   de små stuer

IV.3 Comparison

IV.3.1 *The principal rule* is that adjectives form the comparative and superlative by adding **-ere** and **-est** to the positive form:
varm – varmere – varmest
mørk – mørkere – mørkest
klog – klogere – klogest

IV.3.1.1 Adjectives ending in **-e** add only **-re** and **-st**:

nøje – nøjere – nøjest
ringe – ringere – ringest

IV.3.1.2 Adjectives ending in **-som, -ig, -lig** form the comparative in **-ere** (though with the doubling of the **-m** in **-som**) and the superlative in **-st**:

    langsom – langsommere – langsomst
    fattig – fattigere – fattigst
    dejlig – dejligere – dejligst

IV.3.1.3 A final consonant after a short stressed vowel will double:

    let – lettere – lettest
    bekvem – bekvemmere – bekvemmest

IV.3.1.4 Unstressed **-el, -en, -er** drop the **-e-** in the comparative and superlative:

    ædel – ædlere – ædlest
    moden – modnere – modnest
    mager – magrere – magrest

IV.3.1.5 Adjectives whose vowels mutate in forming the comparative and superlative form the comparative in **-re** and the superlative in **-st**:

    ung – yngre – yngst
    stor – større – størst

IV.3.1.6 Irregular comparisons:

    gammel – ældre – ældst
    god – bedre – bedst
    lille – mindre – mindst
    mange – flere – flest
    meget – mere – mest
    slem – værre – værst

NOTE: Danish distinguishes rigorously between number and quantity. Thus, while English distinguishes between "many" and "much", there is no distinction in the comparative and superlative forms, which are "more" and "most" in each case. Danish does make that distinction:

    much/more/most – i.e. quantity – meget/mere/mest
    BUT:
    many/more/most – i.e. number – mange/flere/flest

To a Dane it is as impossible to confuse *mere/mest* with *flere/flest* as it is for the English speaker to confuse "much" and "many":

I Danmark spiser man mere svinekød end oksekød.
I England spiser man flere bolsjer, end man gør i Danmark.
Det meste vand i Østersøen er forurenet.
De fleste mennesker bader i det alligevel.

A similar relationship exists between *lille/mindre/mindst* and *få/færre/færrest:*

Der var færre mennesker end ventet.
Jørgen var ikke sulten, så han fik den mindste portion.
Nu da benzin er blevet dyrere, har jeg købt en mindre bil.

IV.3.2 *Comparative and superlative expressed by means of* mere *and* mest.

While most adjectives compare in the manner described above, many others are compared by putting the adverbs *mere* and *mest* before the positive form of the adjective. The most important types to be compared in this way are:

IV.3.2.1 many short adjectives ending in a vowel, e.g. *snu, skrå, tro:*

snu – mere snu – mest snu

Three very common monosyllables of this type, however, do not conform to this pattern:

ny – nyere – nyest
fri – friere – friest
få – færre – færrest

IV.3.2.2 many adjectives ending in an unstressed **-e:**

stille – mere stille – mest stille
øde – mere øde – mest øde

IV.3.2.3 some adjectives ending in **-en, -t, -isk,** most of those ending in **-sk,** and all ending in **-et:**

gnaven – mere gnaven – mest gnaven
tosset – mere tosset – mest tosset

52

IV.3.2.4 adjectives ending in **-ende,** i.e. present participles:

> levende – mere levende – mest levende
> velsmagende – mere velsmagende – mest velsmagende

IV.3.2.5 many loan words:

> makaber – mere makaber – mest makaber
> senil – mere senil – mest senil

NOTE 1: The two forms of the comparative can be combined without further ado:

> Natten virkede efterhånden mørkere og mere uhyggelig.

NOTE 2: The two superlative forms can likewise be used together:

> Den 1. maj var den varmeste og mest solrige dag i år.

NOTE 3: Superlatives can be further strengthened by being prefixed with *aller-*. This is an old genitive form and corresponds exactly to the English "of all":

> Hun var den allersmukkeste pige.
> Devalueringen var årets allerværste nyhed.

IV.3.3 In the following, the adjectival comparatives and/or superlatives do not have any corresponding simplex adjectives. They do, on the other hand, have related adverbs, which are listed in the following in brackets. Remember that the words in brackets are adverbs or prepositions, *not* adjectives:

Positive	*Comparative*	*Superlative*
(ud) – out	ydre – outer	yderst – outermost
(over) – over	øvre – upper	øverst – uppermost
(ned) – down	nedre – lower	nederst – lowest
(ind) – in	indre – inner	inderst – innermost
(under) – under		underst – bottom
(for) – in front of		forrest – foremost
(midt) – in the middle		midterst – middle
(mellem) – between		mellemst – middle
(bag) – behind		bagest – hindmost

NOTE: The numeral *én* with its adjectival form *den ene* also produces a superlative, *eneste,* meaning "sole". *En eneste* will often translate "a single" or "one", and preceded by the definite article *eneste* will often be rendered by "only":

Han havde ikke	He had not a single
en eneste ven.	friend.
Der var ikke en eneste	There was not one
kage tilbage.	cake left.
Det var de eneste børn,	They were the only
der var til stede.	children present.

IV.3.4 *Use of the positive, comparative and superlative*

IV.3.4.1 Apart from the normal use of adjectives described above, the positive is used to indicate equality in comparisons, and is then combined with *lige* (equally), *lige så* (just as) or *lige så . . . som* (as . . . as). In negative sentences *lige så . . . som* tends to become *så . . . som:*

Børnene er lige store.
Jan er stærk, men Brian er lige så stærk.
Brian er lige så stærk som Jan.
Jens er ikke (lige) så stærk som Brian.

IV.3.4.2 The comparative is used in comparing two elements of a sentence, which are linked by the word *end* (than):

Sverige er større end Danmark.
Katten løber hurtigere end hunden.

NOTE: If the comparison between the two elements is made without the use of the word *end*, Danish will always use the superlative:

den bedste af de to	the better of the two
Far er den ældste	Father is the elder
af mine forældre.	of my parents.

IV.3.4.3 Gradual increase is expressed in Danish as in English, by two comparatives linked by *og* – or sometimes in formal style by the word *stadig* (ever, constantly) being placed in front:

Menneskene bliver højere og højere.
Menneskene bliver stadig højere.

IV.3.4.4 Danish has what is known as a *false comparative*, which to some extent is like the English "rather" plus the adjective in the positive:

en ældre dame   a rather old lady
(an elderly lady)

(Note that, unless she is compared with someone else, "en ældre dame" will almost certainly be younger than "en gammel dame". Similarly, if you are looking for a house in newspaper advertisements, note that *et nyere hus* will be older than *et nyt hus*. In this sense *nyere* means "newish" or "fairly new").

IV.3.4.5 Parallel increase is expressed by means of *jo* + comparative ...*jo* (or *des*) + comparative:

Jo dygtigere du er,   The more able you are,
  jo (or: des) hurtigere   the more quickly
  kan du arbejde.   you can work.

Some set phrases:

Jeg ringede dig op   I rang you up
  flere gange.   several times.
Han er en værre løgner.   He is a terrible liar.

IV.3.4.6 The superlative is used in certain set phrases:

med største fornøjelse   with the greatest (of) pleasure
Det er dog det værste.   That is the limit.
i sit stiveste puds   in his Sunday best
Det vil jeg på det bestem- I will most
  teste have mig frabedt.   certainly not.
Det er på det   It is very strictly
  strengeste forbudt.   forbidden.
Du kunne i det mindste   You could at least ring and
  ringe afbud.   say you are not coming.
til sidst   at last
fra først til sidst   from first to last

NOTE the use of *næst* compounded with superlatives: den næstsidste (the next to the last); det næstbedste (the next best).

55

IV.4 Adjectives used as adverbs

Where the sense allows, most adjectives, including comparative and superlative, can be used as adverbs as well. When used in this way the adjective will usually appear in its neuter form, i.e. with a final -t if possible, but otherwise uninflected:

en langsom bevægelse	Hun bevæger sig langsomt.
en ansvarsfuld handling	Han handler ansvarsfuldt.
en stille pige	Pigen talte meget stille.

Adverbs derived from adjectives ending in **-lig** or **-ig** are slightly less consistent. The general pattern is quite plain: if the adverb is linked to a verb, the **-t** will be added; if, on the other hand, it limits an adjective or another adverb, it is unlikely to add the **-t:**

Hun synger dejligt.	BUT: Her er dejlig rent.
Han opfører sig ualmindeligt.	BUT: Han gjorde det ualmindelig godt.
	AND:
	Haven er ualmindelig smuk.

Due to the peculiarities of Danish pronunciation, however, there is an increasing tendency not to *pronounce* the **-t** on these adverbs, even where it theoretically exists, and this is gradually having an impact on the written language. For the beginner a good rule is to follow the pattern above, but to be prepared to see others flout it!

IV.5 Meget

IV.5.1 *Meget* has at least a partially adjectival function when placed in front of uncountable nouns, and can also be used as an adverb meaning "very":

Det er meget varmt i dag.	It is very hot today.
Det må du meget undskylde.	I am very sorry.

NOTE: Depending on the intonation of the sentence (which a grammar can scarcely illustrate fully), *meget* can mean just about the opposite of what it appears to imply when used with

56

a moderately positive expression. Thus, *jeg har sovet meget godt,* said with a rising intonation: . . . ˙ ˙ means not, "I have slept very well," but, "I have slept fairly well," or even, "I haven't slept particularly well." *Meget* is often used in this way, and it is worth watching for.

IV.5.2 Like English Danish can replace *meget* in the sense of "very" by other words meaning "terribly", "awfully" etc.:

> Jeg har sovet vældig godt.
> Han er en usædvanlig flink fyr.
> Udsendelsen var vanvittig sjov.

IV.5.3 *Meget* can be repeated: Gagen er meget, meget god.

V: Adverbs

Adverbs are an amorphous group of words, sometimes original, often derived, sometimes clearly recognisable, often closely related to or even identical to prepositions or conjunctions. Whatever principle is applied to the categorisation of adverbs, the result in Danish will fundamentally be the same as in English, and so a detailed examination of adverbial function has not been considered necessary in a book principally concerned with usage. We have therefore limited ourselves here to a study of individual points which might give difficulties to an English-speaking student, and where sufficient guidance is unlikely to be found in a dictionary. The other main aspect of adverbial usage on which help is required is the position of adverbs in the sentence, and this will be dealt with under Word Order (XI below).

V.1 Endnu

Means basically "still" or "yet":

Jeg har endnu ikke set ham.

It also has the sense of "in addition" or "more":

Jeg vil gennemgå det endnu en gang.

V.2 For ... siden

Both these words are needed to render "ago". *Siden* alone means "since":

Jeg var her for et år siden.
For to måneder siden ville jeg ikke have troet det.
Det er et år, siden jeg sidst var her.

V.3 Gerne

has the meaning of "willingly":

Jeg gør det gerne.

From this comes the sense of "liking to" or "wanting to":

Jeg vil gerne se den film.

In addition *gerne* can have the sense of "habitually":

Han kommer gerne ved 7-tiden. *Han plejer at . . . .*

NOTE 1: Danish has no word for "please" and uses *gerne* instead:

Jeg vil gerne have ti flasker øl.	Could I have ten bottles of beer, please?

NOTE 2: The opposite of *gerne* is *nødig:*

Jeg vil gerne gå om ti minutter, for jeg vil nødig komme for sent til toget.

(Cf. X.12.3 and X.13.12).

V.4 Godt

The adverb "well" is usually rendered in Danish by *godt:*

Denne forfatter skriver ualmindelig godt.

Danish also has the adverb *vel* (see V.13.8 below), but it only means "well" in certain compounds, e.g. *velkendt, velforsynet.*

V.5 Heller ikke

means "nor" or "not either":

Jeg hørte ikke eksplosionen. – Det gjorde jeg heller ikke.

V.6 Hvor

has the basic meaning of "where", and can be used as an adverb of place or as an interrogative:

Hvor fandt du den bog?
Jeg ved ikke, hvor han er født.

It can also mean "how" or, combined with *end*, "however":

Hvor er du blevet stor!
Hvor godt han end gør det, bliver det ikke godt nok.
Hvor(dan) kan det være?
Hvor(dan) kan det være, at . . .?

V.7 Hvornår, når and da

all mean "when", but they vary in usage:

Hvornår is interrogative, either in direct or indirect questions:

Hvornår skal vi spise?
Han spurgte, hvornår de skulle spise.

Da is a relative, referring to one single occasion or event in the past: at dræbe, to kill

Pigen druknede, da hun faldt i vandet.
Da bilen kom, var vi alle meget lettet.

It is also used in the historical present, e.g. in retelling the action of a play or the plot of a novel:

Da Hamlet beslutter at myrde sin onkel, finder han ham hensunken i bøn: at prayer

Når is a relative, referring to future or present events or to *repeated* actions in the past:

Når jeg kommer i morgen, skal jeg fortælle dig mere.
Når jeg drikker noget varmt, gør det ondt i min tand.
Folk flygtede op i fjeldene, når sørøverne kom.
da

V.8 Ja

is the normal word for "yes", but if an affirmative answer is required to a negative question, or even to an implied negative, the answer is *jo:*

Var du i teatret i aftes? – Ja. *last night*

Var du ikke i teatret i aftes? – Jo.

Du var i teatret i aftes, ikke (sandt)? – Jo.

The use of *jo* is very widespread, and it is often used to introduce a slightly hesitant answer to a question:

Hvordan har du det?   Jo, tak, jeg har det bedre.

V.9 Snart

has, in the positive form, the sense of "soon":

Flyvemaskinen kom snart op over skyerne.

However, in the comparative (and often in the superlative) it also means "sooner" in the sense of "rather" or "more likely":

Suppen er ikke for kold; den er snarere for varm.

Note the construction: Så snart han kommer... – As soon *as* he comes . . .
(See also under V.14. below).

V.10 Tit and ofte

are more or less interchangeable; *tit* is more common in the spoken language, but the ultimate choice is probably determined by what *sounds* right. Both can be inflected into comparative and superlative (see V.12.2).

V.11 Adverbs with more than one form

V.11.1 Certain adverbs of place have two forms, one, the simple form, indicating movement from one sphere to another, the

61

other, slightly expanded, implying rest or, alternatively, movement *within* a sphere:

Han går ud i haven.	He goes (out) into the garden.
Han er ude i haven.	He is (out) in the garden.
Han går ude i haven.	He is walking (out) in the garden.

The distinction between first and second example is quite clear, one implying motion, the other rest, but it is important to note the third example, as it does imply motion, but not from one sphere to another. All the activity takes place within the garden, and there is no question of moving from the house into the garden. Likewise, children can play *oppe* in a tree, but they are unlikely to be immobile! The complete list of adverbs affected in this manner is:

bort/borte	om/omme
frem/fremme	op/oppe
hen/henne	over/ovre
ind/inde	ned/nede
hjem/hjemme	ud/ude

NOTE: These adverbs will often appear in compounds, e.g. *derud, herinde, oppefra, nedad*.

V.11.2 Relics of an original inflexion of four of these adverbs are found in *oven, neden, uden* and *inden*. Now, however, these words are limited in use to:

V.11.2.1 elements in compound adverbs:

ovenpå   nedenunder   foroven

V.11.2.2 combined with prepositions:

oven på komfuret   neden under bordet

V.11.2.3 set phrases:

inden døre   udenbys   oven senge   udenlands

V.12 Comparative and superlative of adverbs

V.12.1 When the sense allows, adverbs derived from adjectives by the addition of -t will have the same comparative and superlative forms as the adjective concerned.

V.12.2 In addition, a few original adverbs which are descriptive in content can be inflected:

ofte – oftere – oftest
tit – tiere – tiest
snart – snarere – snarest

V.12.3 In the case of *gerne, godt* and sometimes *dårligt*, the comparative and superlative are based on other words:

gerne – hellere – helst
godt – bedre – bedst
dårligt – værre – værst

NOTE: *dårligt* can also have regular comparative and superlative forms.

V.12.4 *Højt* has the same comparative *(højere)* and superlative *(højest)* as the adjective from which it is derived. Meanwhile, it has a secondary superlative form, *højst,* meaning "at the most" or "extremely":

Jørgen bød højest ved auktionen.
Du må højst bruge hundrede kroner om dagen.
Det er højst ubehageligt at have tandpine.

Curiously enough, however, *højst* would never be placed before a monosyllabic adjective or adverb.

V.12.5 *Før* normally means "previously" or "before", but it can have a comparative sense of "sooner":

Jo før jo bedre.
Jo før man står op om morgenen, des mere får man læst.

(See also V.14 below).

V.13 Particles

Certain adverbs are used as particles in Danish sentences. These words are sometimes very difficult to render in English and are often impossible to translate literally, but they are nevertheless important, as they influence the tone of the sentence in which they are used. They may be used to tone down an imperative, to indicate wonderment or disapproval or a shaking of the head (and will in practice often be accompanied by some kind of gesticulation). Examples of this kind of particle are by no means unknown in English (e.g. "just" and "surely"), but Danish makes much wider use of them. It is not possible for a grammar to give the full range of meaning, but the following is intended to give some idea of the implication of particles:

V.13.1 *Da* implies surprise and doubt, and is often akin to the English "surely" in certain senses:

Du vil da ikke påstå, at du ikke har set det?	Surely you don't mean you haven't seen it?
Du er da ikke syg?	You're not ill, are you? OR: I hope you're not going to be ill?

Note also: Det vil jeg da gerne. – Of course I don't mind.

V.13.2 *Dog* – similar in implication to *da* but often stronger:

Hvad er der dog i vejen?	What on earth is wrong?
Kan du dog ikke lukke den dør?	Couldn't you *please* shut that door!
Så hold dog op!	For heaven's sake stop it!

V.13.3 *Ikke – ikke sandt.* To turn a positive statement into a question, *ikke* or *ikke sandt* is used:

Vi skal have tre forelæsninger i morgen, ikke (sandt)?	We are having three lectures tomorrow, aren't we?
Det var den dag, toget blev forsinket af tåge, ikke (sandt)?	That was the day the train was delayed by fog, wasn't it?

Vi kan slå græsset	We can cut the grass
på en time,	within an hour,
ikke (sandt)?	can't we?

(Cf. V.13.8 below).

V.13.4 *Jo* is used to emphasis a point or to indicate that the listener is in fact well aware of what is being said:

Vi må skynde os;	We must hurry;
toget går jo om	the train goes in
en time.	an hour, you know.
Jeg har jo sagt,	I've *said*
jeg vil gøre det.	I'll do it!
Han kan jo ikke	He can't help it,
gøre for det.	you know.

(See also under *ja* in V.8 above).

V.13.5 *Lige*. Depending on the tone in which it is said, *lige* can be used to emphasise an order or to put it into more polite terms:

Kan du lige se at få	You'd jolly well better get
læst dine lektier!	your homework done.

If said plaintively, however, the same sentence means something like: "Won't you just get your homework done, dear?"

Kom lige!	Come along/just come
	here a minute!
Kom!	Come here!

In meaning, *lige* is close to the English "just", but they are not entirely interchangeable.

NOTE: In addition, *lige* can function as an ordinary adjective meaning "straight".

V.13.6 *Nok* indicates probability when used as a particle:

Jeg tror nok, det går.	I think it will be all right.
Jeg tænkte nok,	I just thought
du ville komme.	you would come.
Han har nok fået for	I'll bet he's had too
meget at drikke.	much to drink.
BUT: Han har fået nok	He has had enough
kage (OR: kage nok).	cake.

65

V.13.7 *Nu.* As a straightforward adverb, *nu* corresponds largely to English "now", and as a particle it is also related to its English equivalent:

Du skal gå nu.	You must go now.
Nu skal du høre her.	Now just listen.
Det går nu ikke.	Now it won't do!

V.13.8 *Vel* is used to express some doubt or reservation:

Du har vel ikke set mit ur?	You haven't by any chance seen my watch?
Du spiser vel en kage med?	You will have a cake with us, won't you?
Du kom vel ikke for sent?	I hope you didn't arrive too late.

Vel is also used to turn a negative statement into a question:

Du kommer ikke igen denne uge, vel?	You are not coming again this week, are you?
Du hørte ikke tordenvejret i nat, vel?	You didn't hear the thunderstorm last night, did you?
Han vil ikke fortælle det til nogen, vel?	He won't tell anyone, will he?

(Cf. V.13.3 above).

V.14 Parallel adverbial constructions

Jo . . . *jo* . . . and *jo* . . . *des* . . . are used to indicate a close relationship between two otherwise different concepts: "the . . . the . . .". They are interchangeable.

Jo hurtigere man løber, des trættere bliver man.
Jo mere man spiser, jo tykkere bliver man.

(Cf. IV.3.4.5).

Dels . . . *dels* . . . – "partly . . . partly . . ."

Dels kan du ikke forstå det, og dels kan det også være ligegyldigt.

NOTE: In practice the English rendering will often be "both . . . and . . ."

66

Både . . . og . . . – "both . . . and . . ."

Jyllands natur kan være både blid og barsk.

Hverken . . . eller . . . – "neither . . . nor . . ."

Tórshavn er hverken smuk eller imponerende, men
den ligger dejligt.

Enten . . . eller . . . – "either . . . or . . ."

Du må enten acceptere dette eller klage over det
med det samme.

Snart . . . snart . . . – "now . . . now . . ." or "sometimes
. . . sometimes . . ."

Snart er man optimist, snart pessimist.

Såvel . . . Som

VI: Prepositions

VI.1 The function of prepositions

is the same in Danish as in English, in that they relate two concepts to each other. Whatever the nature of the first concept, the second will have a noun function. It might be a noun or a pronoun, or it might be a whole group of words; it might be an adjective acting as a noun, or it might occasionally – and unusually – be an adverb or adverbial phrase. In principle this is the same as in English, but in practice the groups of words functioning as nouns in Danish are often different from those which English uses in the same way. They even include noun clauses, which cannot be governed by prepositions in English:

Hunden ligger *under bordet*. (noun after *under*)
Det var nogle smukke billeder, men vi havde ikke rigtig tid *til at se dem*. (infinitive construction after *til*)
Jeg er enig med dig *i, at vi skal gøre det*. (noun clause after *i*)
Da han blev klar *over, at pengene var forsvundet*, blev han vred. (noun clause after *over*)
Det lykkedes lidt *efter lidt*. (adjective after *efter*)
Vi dansede *til langt ud på natten*. (adverb phrase after *til*)
Vi kan ikke gøre det *før bagefter*. (adverb after *før*)
Han døde natten *til i går*. (adverb phrase after *til*)
Efter at have set os flyttede han sig. (infinitive construction after *efter* corresponding to present participle/gerund in English)
Ved at høre et sprog lærer man somme tider at forstå det. (infinitive construction after *ved*)

NOTE: Preposition plus infinitive in Danish corresponds to preposition plus present participle/gerund in English. Prepositions never govern present participles in Danish.

VI.2 Sentences ending with prepositions

English students need have no inhibitions about ending sentences with prepositions in Danish. To do so is always acceptable, often desirable and sometimes necessary!

Den familie, (som) hun bor hos, er ualmindelig tiltalende.
Den bog var han ikke særlig interesseret i.
Det kan jeg ikke gøre for.
Det er noget, jeg må tage mig af.
Det er ikke en sag, du skal blande dig i.

It is possible to avoid this kind of construction by using means similar to those employed in English, but the result tends to be very cumbersome:

Den mand, med hvem han talte, er politiker. (instead of: Den mand, (som) han talte med, er politiker)
Den bog, i hvilken han læste, var gammel. (instead of: Den bog, (som) han læste i, var gammel)
Politiet fandt ikke det redskab, hvormed mordet var blevet begået. (instead of: . . . det redskab, (som) mordet var blevet begået med)

The last of these three types is the most common, as it is used widely in legal and quasi-legal language.

VI.3 Prepositions omitted

VI.3.1 in parallel constructions where the same preposition governs more than one noun:

Jeg har ledt efter mit gamle ur i alle skuffer og skabe.
På grund af regn, dis og tåge blev mange fodboldkampe aflyst.

VI.3.2 after *både, enten, hverken:*

Folk meldte sig fra både på grund af træthed og sygdom.
Enten af sløsethed eller direkte uvilje ødelagde han redskaberne.
Han ville hverken udtale sig om telegrammet eller svaret.

VI.3.3 in set expressions:

i ny og næ – at odd intervals
i ro og mag – at leisure
i tide og utide – at all times
på må og få – at random

VI.3.4 in simple expressions of quantity or measure:

fem liter mælk
et kilo sukker
en pakke cigaretter
en rulle tape

NOTE 1: If the things concerned are in any way described, *af* becomes necessary:

to sække kartofler   BUT: to sække af de bedste kartofler
en kasse cigarer   BUT: en kasse af de cigarer derovre

NOTE 2: Related to these expressions of quantity etc. are others which can be quite vague: *en masse, en række, en smule,* even *en slags:*

Vi har fem rækker ærter i haven i år.
Der er en smule leverpostej tilbage.
Vi fandt en anden slags strømper i supermarkedet.

VI.4 Prepositions instead of the genitive

Although Danish makes more widespread use of the genitive than English does, it can also use prepositions to avoid it. (Cf. III.3) Whereas, however, English tends to use "of" for this purpose, Danish very often employs other prepositions:

bunden af flasken
enden på historien
sønnen i huset
adressen på sygehuset

VI.5 Prepositions with an adverbial sense

As indicated in Chapter V, there is often a close relationship between prepositions and adverbs, and in many cases the same word serves both functions:

Hun faldt i 'vandet.	Hun faldt 'i.
Butikken ligger lige om 'hjørnet.	Han var lige ved at falde om, da han hørte nyheden.
Han sidder ved 'bordet.	Han blev 'ved med at snakke.

NOTE 1: Notice the change of stress in spoken Danish in these cases, indicated by the insertion of a vertical line before the word carrying the main stress.

NOTE 2: The original meaning of a preposition will sometimes disappear when it is used as an adverb.

VI.6 Adjectives needing prepositions

In English adjectives are followed by prepositions in simple constructions: glad about something, surprised at somebody, etc. However, when followed by finite clauses, these same adjectives usually drop their prepositions: I am glad you can come; he was surprised that she did it. In Danish, however, adjectives keep their prepositions when they are followed by finite clauses:

Jeg er vældig glad for det. surprised	Jeg er vældig glad for, at du kommer.
Hun blev overrasket over det.	Hun blev overrasket over, at han ikke kom.

VI.7 Verbs followed by prepositions

Many Danish verbs will be followed by a preposition as a link to an infinitive construction:

Jeg ved, det er et stort arbejde, men jeg skal nok hjælpe dig med at gøre det færdigt.

Moderen sørgede for at få trappen vasket.

Jeg tænker på at tage til København i morgen.

71

VI.8 Relics of old inflections after certain prepositions

Although Danish is no longer a highly inflected language, it used to be, and some signs of old inflections are still to be found in set phrases based on prepositions. The genitive or dative cases which these used to require are still seen in the -e or -s with which certain expressions end:

to have in mind at have i sinde
nowadays nu til dags
to go for dinner at gå til bords
to go by foot at vandre til fods
to die (acc.) at komme af dage
to be destroyed at gå til grunde
on land+on water til lands og til vands
town-ly indenbys
to be satisfied at slå sig til tåls
to have had enough

at vise til rette *shows around*
at være i live *to be alive*
at gå til spilde *to be wasted.*
at tage til takke *to be satisfied*
at få i hænde *to obtain*
at være på færde *to be around*

VI.9 Prepositions concerning time

VI.9.1 The preposition *i* indicates:

VI.9.1.1 duration:

Jeg bliver her i tre dage.
Jeg har ikke set ham i de sidste mange måneder.

NOTE: In this sense *i* can be omitted:

Jeg bliver her tre dage.
Jeg har ikke set ham de sidste mange måneder.

VI.9.1.2 a specific time:

Vi var her sidst i 1949.
Han besøgte os i november sidste år.
Det var et almindeligt fænomen i middelalderen.
Jo, han er her i dette øjeblik.

VI.9.1.3   specific periods, often in the past:

Han var her i weekenden.
i julen
i påsken
i august måned

Note the following set phrases: i fjor, i år, i går, i dag, i
_last night_aftes, i morges, i middags, i morgen, i forgårs, i overmorgen.
last yr. _this morning_
For the use of *i* in telling time, see VIII.4.7. See also under
om, below.

VI.9.2   *Om* refers to:

VI.9.2.1   a period of time elapsing:

Han lovede at give mig sit svar om en uge.
Han rejste i dag, men kommer igen om en måned.

VI.9.2.2   the general period during which something happens or is
repeated:

De spiller altid kort om mandagen.
Mange mennesker rejser sydpå om sommeren.
Ulykken skete om eftermiddagen.

VI.9.2.3   the time during which something is earned or paid or re-
peated:

Han besøger os tre gange om ugen.
Han tjener 8000 kroner om måneden.
Far får 200.000 kroner om året.
BUT: for times of less than a day, the preposition is *i*:
Han betaler tyve kroner i timen.
Telefonen ringer mindst to gange i minuttet.

VI.9.3   *På* indicates:

VI.9.3.1   the time within which something is done:

Vi gjorde det på fem timer.
De kunne ikke reparere bilen på mindre end tre dage.

VI.9.3.2 a specific day:

> Vi kommer igen på søndag.
> Han ringede til mig på min fødselsdag.

VI.9.4 *Til* is used of specific moments in time, looking forward:

> til jul
> til påske
> til november

VI.10 The range of meaning of prepositions

Sometimes prepositions have fairly easily definable meanings, and the English and Danish equivalents may well be closely related to each other. They will, however, never completely coincide. Thus *imod,* for instance, corresponds fairly closely to the English "towards", whether it is used in the sense of direction: *han gik hen imod byen* or more abstractly as in: *han er vældig rar imod hende.* However, *imod* also means "against"! A similar case is that of *under,* which certainly corresponds to "under" in the sentence: *hunden ligger under bordet,* but not in the sentence: *det skete under krigen,* where the operative word in English would be "during". Or consider the English sentence: "there is a letter *for* you", for which the Danish is: *der er et brev til dig.* The English student will here probably accept that there is no reason not to say *til* in this case, or in the phrase *til jul.* However, accepting that the Danish *på* fundamentally corresponds to the English "on", then it is difficult to understand the Danish use of *på* in expressions such as: *vi bor på et hotel* or *han ligger på hospitalet.* Yet the Danish *afhængig af* is perhaps ultimately more logical than the English "dependent on".

It is probably not possible, and certainly not desirable, to analyse the entire system of Danish prepositions in a grammar of this kind. A good dictionary will provide the answer in most cases.

74

VII: Pronouns

VII.1 Personal pronouns

		Nominative	Oblique form
Singular	1	jeg	mig
	2	du/De	dig/Dem
	3	han, hun	ham, hende
		den, det	den, det
Plural	1	vi	os
	2	I/De	jer/Dem
	3	de	dem

VII.1.1 As will be seen from the above tables, the second person has two forms both in the singular and in the plural: *du/De* and *I/De*. Of these, *du* and *I* are used as forms of address to children, family and friends, while *De* is the more polite form of address in both the singular and the plural and is used to people with whom one is on more formal terms. It must meanwhile be realised that in modern Danish the formerly well-defined distinctions in usage have been largely erased, and the *du/I* forms are being used much more widely than was once the case. In general, however, it is probably advisable to use *De* to people over forty, while young people will almost inevitably say *du* to each other. If a Dane addresses you as *du,* he will expect you to do the same with him:

Kan du se det skib, far?
Nu skal I være stille, børn!
Velkommen, mine damer og herrer. Vil De ikke tage plads!

NOTE: The use of capitals in Danish personal pronouns is different from English, but just as important.

VII.1.2 The nominative forms can only be used as the subject, express or implied, of a verb:

Jeg kommer.   Vi sover.
Hvem sagde det?   Det gjorde jeg.

VII.1.3 The oblique forms are used:

VII.1.3.1 as the complement of a verb:

Det er mig.
Det er os, der får skylden.
Bare jeg var ham!
Det bliver dig, der skal besvare spørgsmålet.

NOTE: stakkels dig!

VII.1.3.2 as the direct or indirect object of a verb or as the object of a preposition:

De glædede mig på min fødselsdag.
Forretningen sendte os varerne.
Drengen tilbød at køre efter ham.

(Cf. reflexive pronouns, VII.1.7 below).

VII.1.4 There is some variation between the two cases after *end* and *som:*

Inger er yngre end jeg (OR: end mig).
Jeg er ikke så dygtig som du (OR: som dig).

The *jeg/du* forms are preferable in formal, written style, but the informal written language and the spoken language always use the oblique forms.

NOTE: After *før* the oblique form is almost always found.

VII.1.5 Some personal pronouns can function as nouns and even take a definite article or plural inflection:

Jeg'et spiller en stor rolle hos Freud.
Jeg kan ikke se, om den hund er en hun eller en han.
Hunnerne er ikke til at skelne fra hannerne.

Note compounds such as *en hankat, en hunelefant.*

VII.1.6 The third person singular pronouns function as follows:

VII.1.6.1 Where the pronoun refers to a human being, *han* or *hun* is used according to sex:

drengen	han
pigen	hun

VII.1.6.2 Where the pronoun refers to a noun without sex, *den* or *det* is used according to the grammatical gender of the noun concerned:

haven	den
huset	det

Problems arise, however, when the noun referred to is a person whose sex is unknown. In such cases there is a tendency to use *han:*

Nu har jeg endelig
fået fat i en læge.   Hvornår kommer han?

Meanwhile, *det* can be heard with reference to a child, since *barn* is neuter:

Har du hørt, hvordan
det går med det syge
barn hos Jensens?   Ja, det døde i går.

Den is never used of a person.
In official announcements, regulations, advertisements etc. the word *vedkommende* will often be used instead of the pronoun:

Assistent søges.   Vedkommende må kunne engelsk.

Another formulation here would be:

Assistent søges.   Han/hun må kunne engelsk.

VII.1.7 *Reflexive pronouns*

VII.1.7.1 The first and second person reflexive pronouns are identical to the ordinary oblique forms: *mig, dig, os, jer, Dem:*

Jeg har slået mig.
Du må skynde dig.
De kan glæde Dem.

VII.1.7.2   The reflexive pronoun in the third person singular and plural is *sig*.
(Cf. genitive *sin* VII.6.1.5).

The third person reflexive pronoun is used:

VII.1.7.2.1   to refer back to the subject of the clause in which it occurs:

Han vasker sig.	He washes (himself).
BUT: Han vasker ham.	He washes him (somebody else).
De vasker sig.	They wash (themselves).
BUT: De vasker dem.	They wash them (somebody else).

VII.1.7.2.2   to refer back to an immediately preceding noun, even if it is the logical or implied subject of an infinitive and not the grammatical subject of the sentence:

Vi så drengen nærme sig.

VII.1.7.2.3   to refer back to a missing logical subject of an infinitive:

Det er trist at se sig snydt.

NOTE: The distinction between *sig* and the ordinary third person pronoun is usually quite clear, but there are cases when either can be used. The meaning will then be apparent from the context:

Han følte ikke problemet som væsentligt for ham (OR: sig).

The reflexive pronoun can be given extra emphasis by the addition of *selv:*

Jeg har skåret mig.
BUT: Jeg prøvede at skære papiret, men jeg skar mig selv i stedet for.

This distinction may at first appear difficult to the English-speaking student, as English always includes "self" or "selves" in the reflexive.

NOTE: *Selv* does not change in the plural:
mig selv, sig selv, os selv, Dem selv
(Cf. VII.3, below).

78

VII.2 Reciprocal pronouns

Hinanden is used to indicate interaction between two elements in the subject of a sentence, and corresponds exactly to the English "each other". It cannot form part of the subject, but it can take the genitive -s. By the nature of things, it can only be used in connection with a plural subject:

> For to, som elsker hinanden,
> kan læge hinandens sår
> blot ved at se på hinanden
> og glatte hinandens hår.
>
> (Viggo Stuckenberg)

A second reciprocal pronoun, *hverandre,* is now obsolescent, but it will often be met in literature and may still be heard in public speeches, etc. It is no longer used in everyday speech.

VII.3 Selv

As a pronoun, *selv* is always linked to either a noun or another pronoun, and it acts as an emphasiser. In view of this close link with another substantive, it often has an almost adjectival function:

> Kongen selv var til stede.
> Kongen var selv til stede.
> Det er mig selv, det går ud over.

NOTE: *Selv* can have a purely adjectival function, in which case it emerges as *selve* and like *al* and *hele* is followed by a noun with the enclitic article. (Cf. II.3.3.1).

> Selve kongen var til stede.
> Cf. Selve det smukke hus lå godt gemt i parken.

NOTE: *selv tak:* "don't mention it", "not at all":

> Tak for hjælpen.   Selv tak.

VII.4 Man

VII.4.1 English tends to avoid using the impersonal third person singular subject "one", and instead employs words such as "you", "they", "we", "people" or even a passive construction. Danish does not avoid its equivalent, *man*, which is a frequently occurring word on a Danish page:

> Man mener, at fem mennesker deltog i forbrydelsen.
> (It is thought that . . .)
> Man vil ikke finde mange gamle mennesker i disse huse.
> (You will not find . . .)
> Man ved ikke rigtig, om vikingerne var de første til at opdage Amerika.
> (We do not really know . . .)

VII.4.2 *Man* often appears in official documents:

> Man tillader sig herved at spørge om . . .

VII.4.3 As its oblique form *man* uses the word *én* (genitive *éns*):

> Hvis man går i sådan noget tøj, er der altid nogen, der kikker på én.
> Når man har dyre vaner, slipper éns penge snart op.

VII.4.4 *Man* is grammatically speaking singular, and will normally be followed by adjectives in the singular:

> Man må være glad for det, man har.

However, where it is used with a very clear plural sense, a plural adjective might well be found:

> Man er uenige om valgets betydning.

VII.5 Formal subjects

Like English, Danish makes widespread use of formal subjects. The words used for this purpose are the pronoun *det* and the adverb *der*.

VII.5.1 *Det* can be used:

VII.5.1.1 as a temporary subject, where the real subject is either an infinitive or a noun clause:

> Det er rart at studere. (The real subject is *at studere*).
> Det var sørgeligt, at han druknede. (The real subject is *at han druknede*).

In practice, this construction is usually related to the verb *at være* (as above), *at blive*, or to a passive:

> Det kan ikke siges, at han er doven.
> Det kan ikke ses, at du har spildt blæk på din kjole.

VII.5.1.2 as a subject referring back to the entire contents of a preceding clause:

> Jeg kommer i morgen, for det passer mig bedst.

VII.5.1.3 as the subject of a sentence identifying someone:

> Hvem ejer den lille butik der?   Det er en gammel dame.
> Hvem er damen derovre?   Det er min søster.
> Hvem er de drenge derhenne?   Det er mine børn.

VII.5.1.4 as the formal subject of sentences which do not have a real subject:

> Det var snevejr i går.
> Ih, hvor det blæser!
> Det var mørkt, da jeg gik hjem.
> Det var om aftenen.
> Det er på tide at gå i seng.

VII.5.1.5 to divide a sentence for the sake of emphasis:

> Det var den dag, der var så mange biluheld.
> Det er det princip, jeg arbejder efter.

VII.5.2 *Der* can be used:

VII.5.2.1 in phrases corresponding almost exactly to English "there is", "there are", "there were":

Der er en dame ved døren.
Der er fem æbler på bordet.
Der var mange mennesker til stede.

VII.5.2.2 with intransitive verbs in conjunction with subjects in the indefinite case:

Der kom en soldat ned ad gaden.
Der lød et brag fra havnen.

VII.5.2.3 as an unreal subject with a passive verb, giving it a very general and entirely impersonal sense:

Der siges mange mærkelige ting i disse dage.
Der bliver gjort meget for de gamle.
Der hørtes skud fra gaden.

VII.5.2.4 in the same way as "it" in expressions concerning distance:

Der er langt mellem London og København.

VII.6 Possessives

Possessive pronouns and adjectives are identical in Danish.

1st person singular:	min/mit/mine
2nd person singular:	din/dit/dine; Deres
3rd person singular:	hans, hendes
	dens, dets
1st person plural:	vores
	(vor/vort/vore)
2nd person plural:	jeres; Deres
	(jer/jert/jere)
3rd person plural:	deres

VII.6.1 *Possessives as adjectives*

VII.6.1.1 First and second person possessives have an adjectival inflection:

> Har du set min bog?
> Det er mit hus ved enden af vejen.
> Dine blyanter ligger på bordet.

VII.6.1.2 The third person singular possessives are in fact genitives, and as such do not inflect:

> Har du set hans bog?
> Det er hans hus ved enden af vejen.
> Hans blyanter ligger på bordet.

VII.6.1.3 The first and second persons plural have two forms of which the purely adjectival forms: *vor/vort/vore* and *jer/jert/jere* are the older. In modern Danish, *vor/vort/vore* mainly belongs to formal style, while *jer/jert/jere* has entirely disappeared. They have been superseded by the uninflected genitives *vores* and *jeres,* which have been formed analogous to the third person *deres:*

> Fru Jensen siger, hun har set vores hund ude på vejen.
> Vores hus er det største på vejen.
> Vore(s) opgaver er meget svære i denne uge.

VII.6.1.4 The formal second person singular and plural *De* has as its possessive *Deres,* which in every way behaves as the third person plural *deres. Deres* does not inflect:

> Børnene hentede deres mor på stationen.
> Jeg viste gæsterne deres værelser.
> Nu skal jeg give Dem Deres billet.

VII.6.1.5 In addition to the four genitives used in the third person singular, there is *sin,* which is always reflexive, and which inflects in the same way as the first and second person possessives, i.e. *sin/sit/sine.* Like the first and second person possessives, it bases its form on the gender of the noun to which it is attached, not to the gender or sex of the subject:

> Hun satte sin taske på gulvet.
> Han tog sine bøger op.
> Hun åbnede sit hæfte.
> Jeg tog min billet, og han tog sin.

NOTE 1: *Sin* is never interchangeable with *hans/hendes*.

NOTE 2: *Sin* is not normally used in the third person plural, though in certain constructions it might occasionally be found:
De fik hver sin (OR: deres) del af ansvaret.

NOTE 3: Observe the following constructions:

Han gjorde sit til,	He did what he could
at det lykkedes.	to make it succeed.
Nu har du dit på	Now, you are all right. –
det tørre.	Now you are home and dry.

VII.6.2 *Possessives as pronouns*
There is a clear distinction between possessive adjectives and possessive pronouns in English. There is none in Danish, and indeed most Danish grammars refer only to possessive pronouns.

Det er mit hus.	This is my house.
Huset er mit.	The house is mine.
Hvor er din hat?	Where is your hat?
Hatten er din.	The hat is yours.

NOTE: John is a friend of *mine*. – John er en ven af *mig* (OR: John er en af mine venner).

VII.6.3 *To emphasise possessives*
Egen, inflecting to *eget/egne*, can be added to a possessive to give emphasis:

Det er hans bil.
Det er hans egen bil.
Det er hans eget hus.
Det er hans egne bøger.

(Cf. X.15.2.4, Note 3).

VII.6.4 *Possessive in English replaced by definite article in Danish*
In Danish, parts of the body and of dress are usually associated with the definite article, except when in the nominative:

De rystede på hovedet.
Han skar sig i hånden.

Han tog frakken af.
Han stak hænderne i lommen.
BUT: Dine hænder er større end mine.
Hendes hår er vist affarvet.

VII.6.5 *Adjectives after possessives*
Like definite articles and demonstrative adjectives, possessives are followed by adjectives in the definite form:

Har du set min brune jakke nogen steder?
Hun vil smide sin gamle hat ud.
NOTE: Din idiot/ Dit fjols! – You fool!

VII.7 Demonstratives

Demonstrative pronouns and adjectives are identical in Danish.

Singular		Plural
common	*neuter*	
den	det	de
denne	dette	disse
sådan	sådant	sådanne
samme	samme	samme
		begge

VII.7.1 *Den*
When unstressed and followed by an adjective, *den* is the definite article. (See IV.1.1.2).
When stressed it is a demonstrative.
As the most important demonstrative, *den* has its own inflection:

nominative:	den/det/de
oblique:	den/det/dem (pron.) *or* de (adj.)
genitive:	dens/dets/deres

Vil du låne min bog? — Nej, tak, jeg tager den der i stedet.
Huset i Tórshavn er det smukkeste, vi har boet i. — Nej, jeg synes, det i Danmark var pænere.
Er der ikke flere bolsjer? — Jo, der er lige dem derovre i vindueskarmen.

85

VII.7.2 *Denne*

This is fundamentally an emphatic form of *den*. It corresponds mainly to "this", whereas *den* is closer to "that":

Den lampe er pæn.   Ja, men jeg kan nu
                         bedre lide denne.

While the two sentences above are correct, they are felt to be a little heavy for spoken Danish, and there is a tendency in the spoken language to add *her* to *denne/dette/disse*, meaning this/these, and *der* to *den/det/de*, meaning that/those:

Den lampe der er pæn.   Ja, men jeg kan nu
                         bedre lide denne her.

NOTE 1: *Denne* has a genitive form, but it is seldom used except in official style: *dennes/dettes/disses*.

NOTE 2: *Dennes*, always abbreviated to *ds.*, is used widely in business language, meaning "of this month" or "inst.":
Tak for Deres brev af 15. ds.

NOTE 3: *Denne* also means "the latter", and as such is much more widely used than "the latter" is in English.

VII.7.3 *Sådan* corresponds to English "such", but it can be used in two different ways:

VII.7.3.1 Uninflected it will precede the indefinite article:

sådan en dejlig historie
sådan et hårdt arbejde
sådan nogle dejlige æbler

VII.7.3.2 Inflected as an ordinary adjective it will follow the indefinite article. This usage is less common than the above:

En sådan historie har jeg da aldrig hørt før.
Et sådant eventyr kan kun en stor digter skrive.
Sådanne påstande hører man hver dag.

VII.7.4 *Samme* corresponds to English "the same".
Used adjectivally, it can stand on its own or be preceded by the definite article. It does not inflect:

86

Jeg har stadig den samme gamle cykel.

Samme dag kom han igen hen til mig.

When used as a pronoun, it will always be preceded by the article:

Du er den samme som altid.

Jørgen siger altid det samme.

VII.7.5 *Begge,* meaning "both", exists only in the plural, and it cannot be inflected. It rarely stands alone, and when it does so, it can only refer to people.

Begge cannot be preceded by the definite article: nouns with which it is combined will either stand alone or with some form of the definite article, a demonstrative or a possessive:

Begge huse(ne) var udstyret med solpaneler.

Begge mine børn læser ved universitetet.

Jeg kender begge brødre(ne), men ikke så godt som jeg kender deres søster.

Begge de to lande er i økonomiske vanskeligheder.

Begge tends to stand in apposition to a noun with which it is associated, and it will always do so with a pronoun:

Børnene kom begge på besøg.

Kender du tvillingerne? – Ja, jeg har truffet dem begge.

However, except when standing as a pure adjective, *begge* is normally found in the combination *begge to* or *begge dele,* the latter only of inanimate objects:

Kender du tvillingerne? – Ja, jeg har truffet dem begge to.

Hvem af dem synes du bedst om? – Jeg kan godt lide dem begge to.

Vil du have sukker eller fløde i din kaffe? – Jeg vil gerne have begge dele, tak.

NOTE: "both . . . and" in Danish is *både . . . og* .

VII.8 Interrogatives

Danish does make a distinction between interrogative pronouns and interrogative adjectives, though the borderline is not easy to define.

Hvem and *hvad*, and the genitive *hvis*, are pronouns.

Hvilken/hvilket/hvilke function as adjectives, and although they often stand alone and thus look like pronouns, there will always be an implied noun associated with them.

VII.8.1 *Hvem* is used exclusively of people, irrespective of number or case. It corresponds to English "who" or "whom", and sometimes to "which". It is used:

VII.8.1.1 to introduce a direct question:

Hvem er det?
Hvem er dansker og hvem er englænder af de to?
Hvem skal jeg vælge?
Til hvem skal jeg henvende mig?/Hvem skal jeg henvende mig til?

If *hvem* is followed by a predicative adjective, the adjective will be in the common gender form and normally singular:

Hvem er fattig i vore dage?

VII.8.1.2 to introduce an indirect question, express or implied. If it forms the subject of the clause it introduces, then it is followed by *der:*

Ved du, hvem der kommer i aften?
Kan du sige mig, hvem jeg skal henvende mig til?
Jeg ved ikke, hvem der har sagt det.
Jeg vil gerne vide, hvem jeg kan bede om det.

VII.8.1.3 as the subject of a – usually incomplete – sentence expressing a wish:

Hvem der var i England nu!	If only I were in England now!

VII.8.2 *Hvis* is used as the genitive of *hvem:*

Hvis hus er det?
Jeg ved ikke, hvis det er.
Hvis er de røde strømper?
Til hvis gavn vil det være?

NOTE: A slightly humorous, but by no means unusual, use
of *hvis* is found in the phrase *hvis er hvis:*

Tag nu gummistøvlerne på, børn!
Kan I finde ud af, hvis der er hvis?

VII.8.3 *Hvad* is the neuter equivalent of *hvem*. It is indeclinable, and
there is no genitive form. It is used:

VII.8.3.1 of unknown or ill-defined things and uncountables:

Hvad er det?
Hvad har du i hånden?
Hvad er din adresse?
Hvad er Deres personnummer?

VII.8.3.2 to introduce an indirect question, when, like *hvem,* it will be
followed by *der* if it becomes the subject of the subordinate
clause:

Skal jeg fortælle dig, hvad jeg har set?
Nu har jeg set, hvad der er at se i København.
Ved I, hvad der kommer i radioen i aften?

NOTE: *Hvad* figures in a number of set phrases:

Hvad om du gik i byen for mig nu?	What about going shopping for me now?
Hvad behager?	I beg you pardon.

VII.8.4 *Hvilken* is sometimes used as an interrogative pronoun, but it
is adjectival in that it inflects according to the number and
gender of the noun to which it refers. There is no genitive
form.

Har du set Bergmans sidste film? – Hvilken (en) mener du?
Tag bare et æble! Hvilket (et) vil du helst have?

Jeg vil gerne læse alle hans romaner; kan du ikke sige mig, hvilke jeg skal begynde med?

NOTE: As a pure interrogative, *hvilken* is usually in everyday speech replaced by *hvad for en, hvad for et, hvad for nogle:*

Har du set Bergmans sidste film? – Hvad for en mener du?
Tag bare et æble! Hvad for et vil du helst have?
Jeg vil gerne læse alle hans romaner; kan du ikke sige mig, hvad for nogle jeg skal begynde med?

VII.9 Relatives

Danish relatives are mainly pronouns, but some are akin to adjectives.

Nominative	Oblique	Genitive
som	som	hvis
der		
hvem	hvem	
hvad	hvad	

(hvilken/hvilket/hvilke)

VII.9.1 *Som* is one of the most common Danish relatives.

VII.9.1.1 It links a noun to a following adjectival clause; it can be used as the subject of the clause, but is more common as the object. Cf. VII.9.2 below. It is without gender or number:

Her er den pige, som vandt konkurrencen.
Hvor er de piger, som jeg skal køre hjem?
Julemærkerne, som udkommer i morgen, koster 50 øre.

VII.9.1.2 It cannot refer to the whole of a preceding clause in Danish; in such cases *hvad* or *hvilket* is required. *Hvad* is the more common in the spoken language:

Jeg syntes ikke om det, hvad jeg også sagde.

(See VII.9.5 below).

VII.9.1.3 If it is in the oblique case, *som* can be omitted from a sentence, particularly in the spoken language:

> Den mand, (som) jeg talte med, var min far.
> Mine forældre bor i det hus, (som) du kan se derhenne.

VII.9.1.4 Note the following:

> Betingelserne er *de samme, som* blev stillet sidste gang.
> Det er *sådan en* cykel, *(som)* jeg gerne vil have.
> *Enhver, som* har lyst, kan deltage.
> *Det, (som)* man ikke synes om, må man se bort fra.

VII.9.2 *Der* has a similar function to *som,* but it is slightly more limited in use.

VII.9.2.1 It can only act as the *subject* in a subordinate clause, but as such it is more common than *som:*

> Den bog, der ligger på bordet, har far skrevet.
> Alle de, der vil komme, er velkommen.

> BUT: Jeg kan ikke finde den bog, *som* jeg talte om.

The decision whether to use *som* or *der* as the subject often appears to be determined by what sounds best.

VII.9.2.2 It cannot follow *og* or *men* in parallel subordinate clauses:

> Soldaten, *der* blev såret, og *som* senere døde, skulle netop hjemsendes.
> Studenten, *der* nok var dygtig, men *som* ikke kunne udtrykke sig klart, dumpede til eksamen.
> Manden, *der* boede ved siden af, og *som* tit kikkede ind til os, er flyttet.

NOTE: "he who" is usually rendered in Danish by *den, som* or *den, der.*

VII.9.3 *Hvem* is similar in use to *som* and *der,* but it belongs exclusively to the literary language:

> Byen hædrede den mand, *hvem* vi alle skylder så meget.

It cannot be used as the subject.
(For the interrogative use of *hvem,* see VII.8.1.2 above).

91

VII.9.4 *Hvad* is used:

VII.9.4.1 as a relative referring back to an entire sentence or clause. When acting as the subject it requires the addition of *der*:

> Manden, der tabte, blev meget skuffet, hvad jeg godt forstår.
> De lovede at passe godt på den gamle dame, hvad de også gjorde.
> Klokken var blevet mange, hvad der faktisk overraskede mig.

VII.9.4.2 as an indefinite relative:

> Han gjorde hvad han kunne for at hjælpe mig.

NOTE 1: *Hvad* is the relative always used after *alt:*
Alt, hvad han siger, er løgn.
Alt, hvad jeg kan sige, er, at jeg er træt.

NOTE 2: *Hvad* fremtiden *angår,* så ved jeg intet. –
As far as the future *is concerned* . . .

VII.9.5 *Hvilket,* like *hvad,* refers to an entire preceding clause but belongs to formal or official style. It does *not* require the addition of *der* when acting as subject:

> Hvis regeringen udskriver valg, hvilket er en nærliggende mulighed, må sagen udsættes.
> Han ankom for sent, hvilket var til at forudse.

Compare the following sentences:

> Jeg lånte ham de penge, som han bad om. (i.e. he asked for the money)
> Han sendte dem tilbage, hvad (hvilket) jeg var glad for. (i.e. I was pleased that he sent it back)
> Og hvad jeg blev endnu mere glad for, han sagde, at de havde reddet ham fra fallit.

(Note here that *hvad* is referring forward! In this case *hvilket* could not be used.)

(For *hvilket* as an interrogative see VII.8.4 above).

VII.9.6 *Hvis* is the relative genitive. It can be used with both animates and inanimates:

Det er hende, hvis broder jeg kender.
Pludselig så vi de dyr, hvis spor vi havde fulgt.

VII.9.7 *General note.*
Relatives are often governed by prepositions. When this happens, *hvem* must be used of persons if the preposition is placed in front, but if it goes at the end of the clause, then either *hvem* or *som* can be used. Let us take an example from everyday Danish:

> Den mand, (som) historien handler om, levede på Christian IV's tid.

This is the natural way of saying this, the way most people would think of first. If, however, for reasons of style *som* is to be replaced by *hvem* the resultant sentences will be acceptable Danish, but they will be felt to be heavy and cumbersome:

> Den mand, om hvem historien handler, levede på Christian IV's tid.
> Den mand, hvem historien handler om, levede på Christian IV's tid.

If the relative refers to a thing, *som* can still be used if the preposition goes to the end of the sentence, but if there is a need to place it earlier in the sentence, then the relative will be either *hvilket* or, more likely, *hvor* plus the preposition. There is a stylistic difference in that *som* + preposition belongs to ordinary, acceptable, everyday style, while the constructions with *hvilket* and *hvor* are distinctly literary or formal:

> Det hus, *(som)* han bor *i,* er bygget i 1886.
> De bestemmelser, *ifølge hvilke* man ikke må betræde startbanen, tjener til den almindelige sikkerhed.
> For at hjælpe på landets økonomi har regeringen formuleret en række bestemmelser, *hvorefter* alle har at rette sig.

(For *hvem* as an interrogative see VII.8.1.1).

VII.10 Indeterminates

Singular		Plural
common	*neuter*	
anden	andet	andre
ingen	intet	ingen
nogen	noget	nogle/nogen
(mangen)	(mangt)	mange
(megen)	meget	

VII.10.1 *Anden* functions as both pronoun and adjective. It agrees in number and gender with the noun with which it is associated:

Gik han den vej? – Nej, den anden.
Vi kom ad en anden vej.
Jørgen kunne bedst lide det billede, men jeg foretrak det andet.
Jeg har et andet kort over byen, og det er bedre.
Dækkene på bilen er slidt, så jeg må have fat i nogle andre.
De andre elever klarede sig bedst.

(For *anden* as an ordinal number see VIII.2).

NOTE 1: *Anden* often translates the English "else":

Hvem andre traf du i går?	Who else did you meet yesterday?
Jeg må finde et andet sted til mine bøger.	I must find somewhere else for my books.
Har du noget andet at fortælle mig?	Have you anything else to tell me?

NOTE 2: *Anden end* corresponds to English "anyone but":

Alle andre end du ved det.
Denne bil er alt andet end ny.

VII.10.2 *Nogen/Ingen*

Nogen, meaning "somebody", "someone", "some people", is, used as an indeterminate pronoun without any sense of number. As its opposite it has *ingen,* "nobody", "no one", though in practice *ikke nogen* is at least as common:

Er der nogen ved døren?	Nej, der er ingen.
	OR: Nej, der er ikke nogen.

As an adjective, *nogen* means "some" in the positive and "any" in the negative or interrogative. Like most adjectives, it has inflected forms: nogen/noget/nogle – but the spoken language no longer has a plural form. Thus, *jeg har nogle æbler* is spoken as though it were written *jeg har nogen æbler*. The situation is further complicated by the fact that the *written* language does not distinguish between singular and plural in the negative. But it does distinguish in the positive. Thus:

Jeg har nogle æbler.   BUT: Jeg har ikke nogen æbler.
Jeg købte nogle   BUT: Jeg fandt ikke nogen
    handsker i går.   handsker, der passede mig.

In the interrogative, the situation is even less clear. The spoken language continues to keep to one form, but the written language tends to make a distinction:

Har du nogen æbler?   The person asking
                               does not know whether
                               you have any apples at all.
Har du nogle æbler?   Tends to stress the idea
                               of a number of apples.

This distinction is difficult to make. Learned articles have been written on the subject, and there is not complete agreement as to what is correct. A good rule of thumb is this:

Nogen must pluralise in the positive.
Nogen never pluralises in the negative.
Nogen tends not to pluralise in interrogative and
    conditional clauses.

VII.10.3 *Noget/Intet*

Noget and *intet* can be seen as the neuter equivalents of *nogen* and *ingen*, and they function in the same way:

Der må gøres noget.
Har der været noget, mens jeg var væk? – (*Noget* here can
    imply an event, a message, a visit, etc.)
Nej, der har ikke været noget. (Nothing to report)

95

As will be seen from the last example, there is a tendency to negate *noget* by means of *ikke noget* rather than *intet*. Indeed, although *intet* is the negative of *noget*, it is more commonly seen as the opposite of *alt:*

> Hun ville have alt eller intet, sagde hun.

In the spoken language it is unusual to use *intet* adjectivally, but examples will be found in the written language.

VII.10.4 Instead of *intet* or *ikke noget* it is possible to use *ingenting:*

> Der skete ingenting hele dagen.

VII.10.5 For the sake of emphasis *som helst* can be added to *nogen, noget* and *intet,* corresponding to the English "at all". It does not inflect:

> Der er ikke noget som helst, du skal tage dig af.

VII.10.6 *Hver/Enhver,* meaning "everybody", is singular in form:

> Hver passede sit.
> Enhver er sin egen lykkes smed.

In apposition, only *hver* can be used:

> Drengene fik hver et æble (OR: et æble hver).

For emphasis *især* can be added to *hver:*

> Hver især må gøre, hvad han synes.

NOTE 1: When *hver/enhver* function as adjectives they are declined in the neuter to *hvert/ethvert.*

NOTE 2: *alle og enhver* – one and all.

VII.10.7 *En og anden* corresponds to English "the odd person":

> En og anden vil nok misunde os.

VII.10.8 *En eller anden* corresponds to English "somebody or other". It can also be used adjectivally:

> En eller anden må have taget de penge, der mangler.
> En eller anden bil kørte forbi kl. 3 i nat.

NOTE: *et eller andet sted* – somewhere (or other).

96

VII.10.9 *Mangen/Mangt/Mange*
Only the plural form *mange* is widely used. The common and neuter forms are scarcely current any longer, but they will, of course, be found in older texts:

Mange af mine venner var med til brylluppet.
Det sker mange gange, at Peter ikke genkender folk.

NOTE: *mangen (en) gang* – many a time.

VII.10.10 *Megen/Meget*
Only the neuter form is used as a pronoun. It is also the only one much used adjectivally in spoken Danish, though the common gender form will often be found in writing and occasionally in speech:

Meget tyder på, at tyven kom ind ad køkkenvinduet.
Der er ikke meget (megen) forskel mellem de to udgaver.
Vi får meget hjælp af naboens dreng.

NOTE: *mangt og meget* – a great many things.

VIII: Numerals

	Cardinal	Ordinal
1	en (et)	første
2	to	anden, andet
3	tre	tredje
4	fire	fjerde
5	fem	femte
6	seks	sjette
7	syv	syvende
8	otte	ottende
9	ni	niende
10	ti	tiende
11	elleve	ellevte
12	tolv	tolvte
13	tretten	trettende
14	fjorten	fjortende
15	femten	femtende
16	seksten	sekstende
17	sytten	syttende
18	atten	attende
19	nitten	nittende
20	tyve	tyvende
21	enogtyve	enogtyvende
22	toogtyve	toogtyvende
30	tredive	tredivte
40	fyrre	fyrretyvende
50	halvtreds	halvtredsindstyvende
60	tres	tresindstyvende
70	halvfjerds	halvfjerdsindstyvende
80	firs	firsindstyvende
90	halvfems	halvfemsindstyvende
100	(et) hundrede	
101	(et) hundrede og en (et)	
124	(et) hundrede og fireogtyve	
300	tre hundrede	
1000	(et) tusind(e)	
2785	to tusind(e) syv hundrede og femogfirs	

Note that Danish puts units before tens, linking them with *og*.
(Cf. the obsolescent English five-and-twenty).

VIII.1 Cardinal numbers

In commercial transactions and on cheques, Danes use the following simplified system, which is never used in daily speech.

20	toti	70	syvti
30	treti	80	otti
40	firti	90	niti
50	femti	24	totifire
60	seksti	63	sekstitre

For "nought", "zero", "o", "cipher", "nil" and "love" there is only one word in Danish: *nul*.

Decimal points in Danish are indicated by commas, not full stops:

3,758 (read as: *tre komma syv fem otte*)

A nought before a decimal point cannot be omitted in Danish. Hence, ·497 must be written as 0,497 and read as *nul komma fire ni syv*.

For the sake of legibility large numbers are often divided either by extra spacing or full stops – *never* by commas:

31 243 631   OR: 31.243.631

Cardinal numbers do not inflect, with one exception: according to gender "one" is *én* or *ét*. There is also a special adjectival form: *den (det) ene*. Cf. on the one hand: *på den ene side*. (See IV.3.3 for the superlative *eneste*).
    If *én* is the first part of a compound numeral, it does not inflect:

Hun blev énogtyve år i går.

If *én* is the last component of a numeral it follows the gender of the noun concerned:

tusind og én nat
hundrede og ét kilo

(N.B. Both nouns are in the singular).

VIII.2 Ordinal numbers

Except for the first two, ordinals are formed from the corresponding cardinals. They are not inflected, apart from the Danish word for "second", which reflects the gender of the noun concerned:

Den anden gang han så mig, hilste han.
i det andet år af kejserens regeringstid

NOTE: *Anden* often means "other" rather than "second", and in this sense it can be pluralised to *andre:* de andre bøger. Because of the possibility of confusing the two senses, Danish often avoids using *anden* in the sense of second.
Compare: Han har bestået den anden eksamen.
and: Han har bestået eksamen no. 2.
In the first example the meaning might well be that he has passed another, possibly irrelevant, examination, whereas the second example makes it clear that we are talking of the second in a series.

There are no ordinals for hundredth and thousandth, and the cardinals are used for both senses:

Han prøvede for hundrede gang.
en gang hvert tusinde år

Million has *millionte* as its ordinal.

Ordinals are usually indicated by writing a full stop after the number:

den 4. gang   the 4th time

VIII.3 Dual forms for cardinal numbers

There are actually two forms of the cardinal numbers from 40 to 99, a short (as given above) and a long. The long form is the original, but is seldom used today:

40	fyrretyve
50	halvtredsindstyve
60	tresindstyve
70	halvfjerdsindstyve
80	firsindstyve
90	halvfemsindstyve

NOTE 1: The ordinal numbers do not have two forms, but from 40 to 99 they are based on these long forms of the cardinals.

NOTE 2: At first sight the Danish system of numerals is confusing. It might, however, appear simpler when it is realised that it is partly based on tens and partly on twenties. *Tyve* really means "two tens", *tredive* "three tens" and *fyrretyve* (from which we obtain the shorter form *fyrre*) means "four tens". *Halvtreds* (really *halvtredjesinde(s)tyve*, hence the **-d-**) means "two and a half times twenty", while *tres* (from *tresindstyve*, hence no **-d-**) is "three times twenty". *Halvfjerds, firs* and *halvfems* follow the same pattern.

VIII.4 Various

VIII.4.1 Danes normally say *halvanden* rather than *en og en halv*, though both exist:

Han drak halvanden liter mælk.
Han boede i Danmark i halvandet år.

NOTE: *Halvandet år* is the usual way of rendering the English "eighteen months".

Similarly, the usual way of rendering "six months" will be *et halvt år*.

The forms *halvtredje, halvfjerde* etc. meaning "two and a half", "three and a half", etc. will also be found, but they are obsolescent and should be avoided.

101

NOTE: Numbers including "a half" are followed by a singular noun. Thus *to timer* but *halvanden time, fem timer* but *fem en halv time*.

VIII.4.2 *Fractions*. The numerator is read as a cardinal and the denominator as an ordinal, to which is added **-dele:**

7/9 – syv niendedele
5/12 – fem tolvtedele
3/40 – tre fyrretyvendedele

NOTE: 1/2 – en halv
1/4 – en fjerdedel OR: en kvart

VIII.4.3 *Approximate numbers*

Hun er omkring tredive.	She is about thirty.
Han er nogle og tredive (OR: i trediverne)	He is thirty-odd.
Hun er i begyndelsen af fyrrerne.	She is in her early forties.
en tresindstyve stykker	some sixty OR: sixty or so
Det skete i tresserne.	It happened in the sixties.
en 5–6 timer	five or six hours
hundreder (OR: i hundredvis) af soldater	hundreds of soldiers
117 forskellige årsager	1001 different causes

VIII.4.4 *Telephone numbers* are normally read two figures at a time: 06 69 92 36 – nul seks/niogtres/tooghalvfems/seksogtredive. If there is a nought in the number it will be read as follows: 06 90 03 20 – nul seks/halvfems/nul tre/tyve.

VIII.4.5 *Position of numerals*
Numerals are placed before other adjectives:

Jeg lånte to spændende bøger.
Du er den tredje uforberedte elev i dag.

Exception: de hellige tre konger.

Note the different order from English in:

102

de to sidste bind   the last two volumes
de tre første rækker   the first three rows
de to følgende dage   the following two days

VIII.4.6 *Mathematical expressions*

$2 + 5 = 7$ to plus (OR: og) fem er syv
$10 - 4$ (OR: $10 \div 4) = 6$ ti minus fire er seks
                       (OR: fire fra ti er seks)
$5 \cdot 6 = 30$ fem gange seks er tredive
$20 : 4 = 5$ tyve delt med (OR: divideret
                       med) fire er fem
                       OR: fire op i tyve er fem

NOTE: In Danish the sign $\div$ is the subtraction sign, while the division sign can only be : .

VIII.4.7 *Times and dates*

Hvad er klokken? OR:
Hvor mange er klokken?   What time is it?
Den er otte.   It is eight o'clock.
                       (where context is clear)
Klokken er otte.   It is eight o'clock.
                       (where context is not clear)

In everyday speech Danes use a twelve-hour clock and a system which is reminiscent of English. Timetables, radio times and official announcements use the 24-hour clock and a more mathematical formulation:

Klokken er:
ni   9.00   ni-nul-nul
ti minutter over ni   9.10   ni-ti
kvart (OR: (et) kvarter)
  over ni   9.15   ni-femten
halv ti   9.30   ni-tredive
kvart (OR: (et) kvarter)
  i ti   9.45   ni-femogfyrre
ti minutter i ti   9.50   ni-halvtreds

NOTE 1: What English thinks of as half past one hour, Danish in everyday speech thinks of as half way *to* the next.

NOTE 2: Hvor mange er klokken?   What time is it?
        – Den er halv.   – Half past.

NOTE 3: Danish has no signs for a.m. and p.m., and has to say *om formiddagen* or *om eftermiddagen* or, if necessary *om morgenen, om aftenen.*

From somewhere after twenty past the hour until somewhere before twenty to the next hour, most Danes will in fact work to the *half hour*. Thus:

syv minutter i halv ti	9.23	ni-treogtyve
to minutter over halv ti	9.32	ni-toogtredive

NOTE: Hvornår kommer han?	When is he coming?
– Klokken halv fire.	– *At* half past three.

Days of the week: søndag, mandag, tirsdag, onsdag, torsdag, fredag, lørdag.

NOTE: et døgn – 24 hours, a day and a night.

Months of the year: januar, februar, marts, april, maj, juni, juli, august, september, oktober, november, december.

NOTE: Days and months are never written with capital letters:

Hvilken dag er han født?	Han er født den 9. maj.
	(read as *den niende maj*)
Hvad tid kom han?	Han kom kl. 8.
	(read as klokken otte)
f.Kr.	B.C.
efter Kristi fødsel	A.D.

VIII.4.8 *Weights and measures*

Danish makes exclusive use of the metric system, though many people will still talk of *et pund* and mean *et halvt kilo*. Relics of older systems are also found in the words *et dusin* (a dozen) and *en snes* (a score).

Common abbreviations are: km., m., cm., kg., g., l., dl.

NOTE 1: While the English tend to measure in millilitres, the Danes prefer the decilitre as a unit.

NOTE 2: In Danish *ton* means a metric tone, i.e. tonne. Weights and measures never pluralise in Danish, but an -s appears when they are used adjectivally:

en ti-tons kran
en tredive-kubikmeters container
i to kilometers afstand
cf. also *i tonsvis* – tons of

IX: Conjunctions

Certain conjunctions are virtually adverbs, and some have already been treated as such (see V.7). Some function in a similar way to prepositions, being mainly intended to link two words or parts of a sentence. The English conjunction "and", for instance, has little meaning, but it can link almost any two words or phrases of equal value, including main and subordinate clauses. Its opposite, "but", plays a similar role. The Danish equivalents, *og* and *men*, can almost automatically be used to replace "and" and "but" every time they are met with.

The same applies to many Danish conjunctions: they can be used merely to replace, automatically, those used in English. Others, however, do vary slightly, either in meaning or in application. The following is intended to give guidance in those cases where it is needed, and to supplement entries in dictionaries, which aim at giving examples rather than explanations.

IX.1 Coordinating conjunctions

The principal coordinating conjunctions in Danish are *og* ("and"), *men* ("but"), *eller* ("or") and *for* ("for"). *Og* has little meaning at all; *men* implies a contrast, *eller* a choice and *for* a reason. In one sense *for* is a causal conjunction, but grammatically it functions as a coordinating conjunction in Danish, as *it does not affect the word order of the clause it introduces*.

IX.1.1 *For* corresponds roughly to the English "for" in meaning. It is, however, commoner in Danish than "for" is in English, which will often prefer to say "because":

Jeg må skynde mig, for banken lukker om ti minutter.
Jeg må hellere give dig en seddel med i skole, for ellers vil de spørge, hvorfor du ikke var der i går.
Du må tale lidt højere, for jeg hører ikke så godt.

106

NOTE: There is another coordinating conjunction, *thi*. It means exactly the same as *for*, but has been almost entirely superseded by it in modern Danish.

IX.1.2 *Men* can, in addition to its function as a coordinating conjunction, be used to express disapproval or surprise:

> Men kæreste barn, hvad har du dog gjort?
> Men dog, det kan du da ikke mene!

IX.2 Subordinating conjunctions

All other conjunctions come into this category, whatever their sense. This implies *that they are all followed by subordinate word order in the clause which they introduce*. (See XI.2).

IX.2.1 *At* corresponds closely to the English "that". It has little meaning, and it is used principally to introduce noun clauses, which can also be the objects of prepositions:

> Læreren så, at en af eleverne sad og læste for sig selv.
> Jeg er ked af, at du ikke var med i aftes.

IX.2.1.1 *At* can be omitted in certain cases, usually when introducing the noun clause object of a verb immediately preceding. It will, however, not usually be dropped if anything comes between it and the verb with which it is associated:

> De sagde, (at) bussen var aflyst.
> BUT: De sagde til ham, at bussen var aflyst.

IX.2.1.2 *At* can never be omitted from its clause if that clause starts the sentence as a whole:

> At De aldrig har læst Ibsen, forbavser mig.
> At han kommer i morgen, er der ingen, der har sagt noget om.
> At der er noget i vejen med bilen, har jeg længe sagt.

IX.2.1.3 Note elliptical phrases such as the following:

> At du gider!   How can you be bothered!
> At du ved det!   So now you know!

At han tør	I can't understand how
(kan, vil)!	he dare (can, will)
	do such a thing!

IX.2.2 *Som* implies "as" in the sense of both time and manner. Its use is as follows:

IX.2.2.1 *Som* means "as" in the sense of "in accordance with":

> De må gøre, som De har lyst.
> Som jeg allerede har fortalt dig, kan jeg ikke komme næste uge.

IX.2.2.2 In this sense it will often be preceded by *sådan:*

> Sådan som landet ligger, bliver vi nødt til at leje et værelse ud.

IX.2.2.3 *Som* can correspond to English "like" or "as" meaning "in the manner of":

> Han gjorde tjeneste som oberst.
> Han opførte sig som en idiot.

IX.2.2.4 *Som* can be used to introduce a hypothetical statement, in which case it may appear alone or as *som om* or as *ligesom*. Cf. English "as though".

In everyday language *som om* is the commonest of the three:

> Det var, som en sten faldt fra hendes hjerte, da hun så drengen komme hjem.
> Det var, ligesom alting gik galt den dag.
> Du er snavset efter din lange tur – du ser ud, som om du trænger til et bad.

NOTE: *Ligesom* can also imply manner:
> Hun dækkede bord, ligesom hun plejede (at gøre).

IX.2.2.5 *Som* can in literary style have a sense of time, almost approximating to English "while":

> Som vi gik der langs floden, mindedes jeg gamle dage.

IX.2.2.6 *Som* can be preceded by *bedst,* in which case it will indicate suddenness or even slight surprise. Cf. English "just as":

Bedst som vi troede, flyveren ville blive aflyst, dukkede den frem af tågen.

IX.2.2.7 When closely allied to the passage of time, *som* will usually be preceded by *efterhånden:*

Efterhånden som skibet nærmede sig land, så vi små huse dukke op.
Efterhånden som efteråret skred frem, blev dagene i Tórshavn meget korte.
Man kommer til at synes bedre og bedre om ham, efterhånden som man lærer ham at kende.

IX.2.3 *Hvis* is the Danish for "if". It is only used to introduce a direct conditional clause, and can *never* replace *om* (meaning "whether") in an indirect question:

Du kan se en pragtfuld solnedgang, hvis du lige ser ud af vinduet.
Vi kan tage en flaske vin, hvis de kommer i aften.
Hvis nogen ringer, må du sige, jeg ikke er hjemme.
BUT: Jeg spurgte Inger, om hun havde set noget til Ole.
(Cf. IX.2.10 below).

NOTE 1: Inverted word order can be used in a conditional clause, replacing *hvis:*

Kommer du, går jeg.
Kommer de i aften, kan vi tage en flaske vin.
Ser du godt efter, vil du finde nogle trykfejl på denne side.

Cf. English: "Had I known you were here, I would have come before."

NOTE 2: *Dersom* means exactly the same as *hvis,* but its use is limited to formal, official style.

IX.2.4 *Idet* and *mens (medens)* both apply to both time and reason, but they are used differently.
Idet refers to an event of short duration, during which something happens; it is often preceded by *lige:*

(Lige) idet Enid gik ind ad døren, snublede hun.
(Lige) idet de sprang over åen, slog en stor fisk op.

NOTE 1: In both its senses *idet* can introduce clauses corresponding to present participle constructions in English.

NOTE 2: In the first of the above examples, the person concerned is named in the first component of the sentence. This is the rule in Danish, and it contrasts with English, where the person is named in the main clause, irrespective of whether it comes first in the sentence or not. Thus, this sentence in English would run:

(Just) as she was going through the door, Enid stumbled.

Mens refers to a longer action, during which something happens:

Mens hun var ved at stryge tøjet, ringede telefonen tre gange.
Mens jeg er i byen, kan jeg gøre indkøb for dig.

Mens can also be applied in a way which is more concerned with logic than with time – as can the English "while". It usually implies a contrast between the two halves of the sentence:

Mens artiklen er meget lærd, er bogen nærmest for populær.
Mens der endnu ikke har været uheld med den ny maskine, har den gamle model vist sig at være behæftet med alvorlige fejl.

(For *idet* as a causal conjunction see IX.2.5).

IX.2.5 *Fordi/da/idet*

These are all causal conjunctions, and there is no doubt that *fordi* is the most used in the spoken language, followed, in the written language, by *da*. *Idet* is less common in this sense, but will be found in more formal style:

Jørgen løb, fordi han var bange.
Da vi ikke har hørt mere fra Dem, går vi ud fra, at problemet er løst.

Idet jeg regner med, at du ikke lyver, vil jeg lade sagen falde.
Han blev nødt til at vende om, da vejen var spærret.
(For *da* meaning "when" see V.7).

IX.2.6 *Siden* is usually a temporal conjunction meaning "since". It can, however, also be a causal conjunction corresponding more or less to "since":

Jeg har slet ikke set Ole, siden han kom hjem.
Siden du er så søvnig, må du hellere gå i seng.

IX.2.7 *Før/inden*
Both correspond to English "before". They are interchangeable, and the decision on which to use will probably be based on what sounds best:

Før jeg tog hjem, kørte jeg Christian til posthuset.
Gæsterne ankom, inden vi havde fået dækket bord.

NOTE 1: The English phrase "not until" is rendered mostly by *ikke før* or *først*. The expression *ikke inden* will also be found:

Han kom først, da det hele var forbi.
Jeg vil ikke begynde, før du kommer.
Jeg vil helst ikke gøre det, inden far giver mig lov.

IX.2.8 *Selv om/skønt*
Both mean "although", but *skønt* is stronger and suggests a greater contrast. In many cases the two are interchangeable.

Torben holder sit foredrag i aften, skønt han er meget forkølet.
Jeg vil prøve at læse bogen i aften, skønt jeg tvivler på, om jeg kan nå det.
Jeg vil prøve at læse bogen i aften, selv om jeg ikke har tid.
Selv om jeg er vant til at læse dårlig skrift, kan jeg ikke klare Niels Jørgens.

IX.2.9 *Når/da/hvornår*
For the relationship between these words in a purely temporal sense, see V.7.

111

Når can also have a conditional sense of "if only" or "provided that". It can have this meaning when standing alone, but it will usually be followed by *bare* or *blot:*

Jeg vil gerne komme i morgen, når bare jeg er sikker på, at du er hjemme.

Når du ikke engang vil høre efter, nytter det ikke at fortsætte diskussionen.

Når du bare arbejder otte timer om dagen, kan du sagtens blive færdig inden jul.

NOTE: *Når* followed by *først* means "once":

Når jeg først får gravet haven, kan jeg hurtigt plante nogle roser.

(Once I get the garden dug . . .)

IX.2.10 *Om* indicates possibility, and is always used to introduce an indirect question:

Han spurgte, om han skulle lukke døren.

Hvis can *not* be used in this sense.

IX.2.10.1 *Om* can sometimes be used as a straightforward conditional conjunction. In this sense it means almost the same as *hvis,* but it implies greater uncertainty:

Om fornødent kan du ringe til kontoret.
Om galt skulle være, kan vi da sælge bilen.

IX.2.10.2 *Om . . . så* can have the sense of "even if" and corresponds to *selv om:*

Om jeg så skal stå i kø i flere timer, vil jeg have billetter til den forestilling.

IX.2.10.3 There is an elliptical use of *om,* which presupposes some such sentence as "du spørger, om...":

,,Vil du gerne med   ,,Kan du lide flødeskum?''
i biografen?'' – ,,Om   – ,,Om jeg kan!''
jeg vil!''   (i.e. "Do I just!")
(i.e. "Would I just!")

In both these cases *om* will be stressed in spoken Danish.

112

IX.2.11 *Om . . . eller/ hvadenten . . . eller.*

Both translate the English "whether . . . or", but they are not interchangeable.

Om . . . eller introduces a noun clause:

Om du kommer eller ej, er mig ligegyldigt.

Jeg ved ikke, om han kommer i morgen eller på tirsdag.

Om den nye vaskemaskine er bedre eller dårligere end den gamle, ved jeg ikke endnu.

Hvadenten . . . eller introduces an adverbial clause:

Hvadenten det er Monica eller Olaf, der kører, tager jeg ikke med.

Morten skal vaske op, hvadenten han vil eller ej.

X: Verbs

X.1 Infinitive and stem

The *infinitive* is the form of the verb found in a dictionary. It will normally end in **-e**, e.g. *smile, søge, gabe*, but a small group of verbs, usually monosyllables, has an infinitive which ends in a stressed vowel: *le, gå, sy*.

Outside a dictionary the infinitive is usually preceded by at. Cf. English "to".

The *stem* is the shortest form of the verb and is the basis of the verbal forms. It is usually the infinitive less the final **-e**, though where the **-e** of the infinitive is preceded by a double consonant, that consonant is simplified. If the infinitive does not end in **-e**, then the stem will be identical to the infinitive:

Infinitive	*Stem*
(at) smile	smil
(at) søge	søg
(at) glemme	glem
(at) drikke	drik
(at) le	le
(at) gå	gå

X.2 The present tense

X.2.1 The present tense is normally formed by adding **-er** to the stem. In cases where a double consonant in the infinitive has been simplified in the stem, it will again be doubled in the present tense:

Infinitive	*Stem*	*Present*
(at) smile	smil	(jeg) smiler
(at) søge	søg	(jeg) søger
(at) glemme	glem	(jeg) glemmer
(at) drikke	drik	(jeg) drikker

114

X.2.2 Verbs ending in a stressed vowel normally add **-r** to the stem in order to form the present tense. However, the few verbs of this type ending in **-i** or **-u** add **-er**:

Infinitive	*Stem*	*Present*
(at) le	le	(jeg) ler
(at) gå	gå	(jeg) går
(at) du	du	(jeg) duer
(at) befri	befri	(jeg) befrier

X.2.3 A small group of verbs, mainly modals and auxiliaries, does not form the present according to the above rules,
e.g. at kunne/ jeg kan; at skulle/ jeg skal; at ville/ jeg vil. This group includes *at vide*, which has as its present form *jeg ved*, and *at gøre*, which forms *jeg gør*.
(See X.13 below for modals, and also the complete list of irregular verbs).

X.2.4 Danish verbs do not inflect according to number or person:

jeg råber	vi råber
du/De råber	I/De råber
han etc. råber	de råber

This rule applies to both present and preterite tenses.

X.3 The past tense (Preterite)

X.3.1 *Regular verbs* form the preterite in one of two ways:

X.3.1.1 About 90% of all weak verbs form the preterite by adding **-ede** to the stem. This is the only verbal ending now functioning, and all new verbs adopt it:

Infinitive	*Stem*	*Preterite*
at hente	hent	(jeg) hentede
at love	lov	(jeg) lovede
at ryste	ryst	(jeg) rystede

NOTE: If a double consonant in the infinitive has been simplified to form the stem, it will be doubled again when the **-ede** is added to form the preterite:

115

Infinitive	Stem	Preterite
at smække	smæk	(jeg) smækkede
at takke	tak	(jeg) takkede
at skylle	skyl	(jeg) skyllede

X.3.1.2 Other weak verbs form the preterite by adding -te to the stem:

Infinitive	Stem	Preterite
at høre	hør	(jeg) hørte
at spise	spis	(jeg) spiste
at besøge	besøg	(jeg) besøgte

NOTE 1: If a double consonant in the infinitive has been simplified to form the stem, it will *not* be doubled again when -te is added:

Infinitive	Stem	Preterite
at dømme	døm	(jeg) dømte
at glemme	glem	(jeg) glemte

NOTE 2: Verbs forming the preterite in -te sometimes undergo a vowel change in doing so. This never occurs in verbs forming the passive in -ede:

at vælge	han valgte
at spørge	han spurgte
at følge	han fulgte

(Verbs undergoing this change are included in the list of irregular verbs).

X.3.2 *Irregular verbs*
There are some 125 irregular verbs in Danish, of which all but a small number have monosyllabic preterite forms.

By their nature, irregular verbs cannot be conjugated, but certain patterns do emerge when they are compared with each other:

X.3.2.1 Many change present -i- to preterite -e-:

jeg bliver	jeg blev
jeg lider	jeg led
jeg skriger	jeg skreg

116

X.3.2.2 Many change present -i- to preterite -a-:

jeg drikker	jeg drak
jeg gider	jeg gad
jeg finder	jeg fandt

NOTE: About half of all irregular verbs belong to these two groups, and the division between -e- and -a- in the preterite is likewise about fifty-fifty. The only exceptions are *ligge/lå* and *vide/vidste*.

X.3.2.3 Some change present -æ- to preterite -a-:

jeg hjælper	jeg hjalp
jeg træffer	jeg traf
jeg trækker	jeg trak

This group makes up c. 20% of all irregular verbs. There are five exceptions to this vowel change: *sælger/solgte; træder/trådte; æder/åd; sværger/svor; græder/græd.*

X.3.2.4 Some change present -y- to preterite -ø-:

jeg fryser	jeg frøs
det lyder	det lød
det betyder	det betød

This group makes up about 20% of all irregular verbs. There are only three exceptions to the vowel change: *synes/syntes* (See X.10.8, below); *synger/sang; synker/sank.*

X.3.2.5 The only other group of any significance is one in which the vowel is unchanged in the preterite:
falder/faldt; har/havde; hedder/hed; græder/græd; dør/døde; løber/løb; holder/holdt; kommer/kom; sover/sov; synes/syntes.

The modal auxiliaries are very close to this pattern:

at ville – jeg vil – jeg ville
at måtte – jeg må – jeg måtte
at kunne – jeg kan – jeg kunne
at skulle – jeg skal – jeg skulle
at burde – jeg bør – jeg burde
at turde – jeg tør – jeg turde

117

X.3.2.6 Some irregular verbs become regular when compounded:

> han farer – han for
> BUT: han erfarer – han erfarede

X.3.2.7 A few verbs have both a regular and an irregular preterite:

> det brister – det brast OR: det bristede
> han skælver – han skjalv OR: han skælvede
>
> There is a tendency to the regular form in these verbs.

X.4 The use of the present tense

There are only two simple tenses in Danish: present and preterite. Verbs cannot on their own indicate the difference between present and future.

X.4.1 The present tense is used of things happening now and of things which are always true:

> Far sover. Jeg læser. Barnet græder.
> Bladene falder af træerne nu.
> Månen kredser rundt om jorden.

X.4.2 The present is very widely used in Danish of future events, especially when the context indicates a future happening:

> Jeg kommer i morgen.
> Det bliver regnvejr.

X.4.3 The historical present is as common in colloquial Danish as in colloquial English, but its literary use is probably more widespread.

NOTE: For continuity of action and short answers see X.5.6 and X.5.7.

X.5 The use of the preterite

The preterite is used to express the following:

X.5.1 the straightforward, real, past:

118

Han rejste i sidste uge.
Jeg boede i Danmark, da jeg var ung.

X.5.2 the conditional, i.e. the unreal past:

Hvis jeg havde en million, ville det være rart.
Det ville aldrig gå, selv om du hjalp mig.

X.5.3 unreal comparisons and wishes:

Han løber jo, som om det gjaldt livet.
Gid jeg var langt herfra!

X.5.4 reticent requests:

Du kunne vel ikke lige hjælpe mig med denne opgave?
De ville vel ikke være så venlig at række mig saltet?

X.5.5 a personal reaction to something noted:

Er du færdig allerede? – Det var da dejligt!
Det var dog en skam, at du har ødelagt din ny jakke.

NOTE: For the use of the preterite in indirect speech see XII.2.3.

X.5.6 Continuity of action, both past and present, can if desired be indicated by the insertion of another verb indicating position or motion, e.g. *at gå, at ligge, at sidde, at stå:*

Helle sidder og ser TV.
Stephen gik og glædede sig til sin fødselsdag.
Jeg har stået og ventet i en halv time nu.

An unfinished or continuing action will be indicated by *at være ved at* or *at være i færd med at:*

Jeg er ved at skrive en ny bog.
Hun var i færd med at pudse vinduer, da gæsterne kom.

X.5.7 Although Danish has no auxiliary verb corresponding to "to do" in English, short answers and phrases show a similar phenomenon when the original verb is not to be repeated:

Hvem vasker op i aften? – Det gør Morten.
Hvem låste døren, da vi gik? – Det gjorde Trine.
Bo regnede med, at jeg ville komme, men det gjorde jeg ikke.

119

If, however, the verb concerned is a modal, *at have* or *at være*, the verb itself is repeated instead:

Har du nogensinde hørt hende synge? – Ja, det har jeg.
Er du virkelig ankommet allerede? – Ja, det er jeg.
Vil du have mere te? – Ja tak, det vil jeg gerne.

X.6 The imperative

X.6.1 The imperative is identical to the stem of the verb:

at læse	læs
at hjælpe	hjælp

Læs nu din bog!
Hjælp mig lige et øjeblik!

Occasionally the imperative will result in a combination of consonants which is unusual in Danish:

at ordne	ordn
at handle	handl

Although such forms are not incorrect, most Danes will try to avoid them by expressing themselves in a different way:

Ordn dit værelse!	→	Ryd op på dit værelse!
Så handl dog!	→	Så gør dog noget!

X.6.2 Modal verbs do not have an imperative form.

X.6.3 Passive constructions with *at blive* can be turned into a kind of imperative:

Bliv ikke bidt af hunden!
Bliv nu ikke slået i semifinalen!

X.6.4 The simple imperative forms are often replaced by constructions based on modals:

Hent ham!	→	Du skal hente ham!
Ti stille!	→	Kan du så tie stille!

NOTE 1: A number of set phrases are based on the imperative:

Hav det godt!   Hold op!
Sov godt!   Hils hjemme!

NOTE 2: The imperative of verbs of motion is sometimes combined with *med* plus a reference to the person(s) spoken to:

Løb ind med jer!
Gå ud med dig! (Cf. English: Get away with you.)

NOTE 3: Instead of a negative imperative, Danish has a tendency to use the phrase *lad være med*, which often fits better into the rhythm of a sentence:

Sid ikke med albuerne på bordet! →
Lad være med at sidde med albuerne på bordet!
Græd ikke! → Lad være med at græde!
Sig ikke noget om det! →
Lad være med at sige noget om det!

X.7 The optative (subjunctive)

X.7.1 There is no real subjunctive in Danish, but some relics of old subjunctive forms are still used as set phrases:

Gud bevare kongen!
Herren velsigne dig!
Ære være Gud i det høje!
Skam få den, som tænker ilde herom!

X.7.2 Optation is nowadays found in expressions indicating indifference or lack of concern, and as such it is also found in a number of set phrases:

Fred være med ham!
Skidt være med det!
Blæse være med det!

X.7.3 *Gid*, which is often met in sentences expressing a wish, is in fact an abbreviated form of *Gud give det*. It is thus in itself an optative main clause, and the remainder of the sentence is grammatically a subordinate clause requiring subordinate word order. (See XI.3.1).

Gid han ikke kan komme!
Gid vi var langt herfra!
Gid du nu må blive glad for dit nye arbejde!

X.8 How to make a sentence express the future

Danish has no single way of expressing future. There are various ways of doing so, though most of them have some implication other than pure future, and much depends on stress within the sentence.

X.8.1 *Pure future*

Particularly in the case of verbs of motion or verbs indicating some kind of transition, this is rendered by the present tense if the context shows that we are talking of a future event:

Jeg henter dig i dag kl. 7.
Jeg gemmer mig, hvis han kommer.
Jeg kommer igen næste uge.
Jeg betaler dig, når jeg ser dig.
Om fjorten dage begynder fodboldtræningen.

(For a main clause expressing future combined with a subordinate clause of time, see X.8.4 below).

Questions concerning the future can also use the present tense if there is a clear understanding that a future event is implied. Thus, in answer to the statement, *Jeg kan ikke hente dig i morgen,* we might hear the question, *Underviser du?* implying that one speaker knows that the other is a teacher and is asking whether he will be teaching at that particular time. If, however, the question *Underviser du?* is taken right out of context, it loses all future and specific implication and becomes a general question meaning, "Are you a teacher by profession?"

NOTE: If the context does not indicate future, *vil* can be used together with an infinitive in an almost purely future sense:

Det vil aldrig ske.
Det vil se mærkeligt ud, hvis du rejser uden at hilse på din moster.

X.8.2 *Implying will on the part of the speaker*
In this sense the infinitive of the verb concerned is combined with *vil* in the 1st person and *skal* for the 2nd and 3rd persons in affirmative and negative statements. The words *vil* and *skal* can be given varying degrees of emphasis in the spoken language:

Jeg vil lære at køre bil.
Vi vil ikke acceptere de vilkår.
Du skal fortælle mig om det, selv om du ikke har lyst.
De skal ikke bestemme over os.

(For *vil* + passive infinitive see X.10.2.2).

X.8.3 *Implying necessity*
In this sense the infinitive is in all three persons combined with a stressed *skal* or with the phrase *blive nødt til:*

Du *skal* hente billetterne før kl. 6.
Jeg *bliver nødt til* at gå nu.
Jeg *skal* ikke betale regningen i dag, men jeg vil gerne.
Skal jeg skrive det brev?

X.8.4 *Implying promise (objective agreement) or intention (subjective agreement)*
In this sense the verb in the affirmative is combined with an unstressed *skal* or *vil* in all three persons. This construction is also used to show the future in a main clause combined with a subordinate clause of time:

Jeg skal/ vil hjælpe dig.
Jeg skal/ vil se TV, når jeg er færdig med mine lektier.

(If the present tense of the verb *at se* had been used in this last sentence, it would have implied a habitual action instead of the future).

If the sentences are negated *vil ikke* can be used to imply a negative promise or refusal, while both *vil ikke* and *skal ikke* can be used for intention and combined with a subordinate clause of time:

Jeg vil ikke hjælpe dig.
Jeg skal/ vil ikke se TV, når jeg er færdig med mine lektier.

NOTE: Sentences of this type will often add *nok*, which in combination with *skal* expresses a sort of consolation, and in combination with *vil* a degree of hesitation or uncertainty:

Jeg skal nok hjælpe dig. (i.e. Don't worry, I'll help you)
Jeg vil nok hjælpe dig. (i.e. I will probably help you)
Jeg vil nok ikke spille fodbold denne uge. (i.e. I don't think I'll be playing football this week)
Hun skal/ vil nok ikke se TV, før hun er færdig med sine lektier. (i.e. She will probably not be watching TV until she has finished her homework)

X.8.5 *Other expressions implying near future or the transition from present to future*

Jeg skal (lige) til at lave mad nu. (i.e. I am just going to prepare the dinner)
Jeg er (lige) ved at få hovedpine. (i.e. I have a headache coming on)

X.9 Reflexive verbs

X.9.1 Some Danish verbs are always reflexive, while many transitive verbs can be used reflexively by adding the relevant reflexive pronoun to the verb. The reflexive pronouns are identical to the personal pronouns for the first and second persons, while the third person reflexive pronoun singular and plural is *sig*. (See VII.1.7):

Jeg slog mig på døren.
Du skal vende dig om.
Hun/han/den/det spejlede sig i vandet.
Vi lagde os ned i græsset.
I påtager jer for meget arbejde.
De henvender Dem bare til informationen.
De morede sig, da skibet begyndte at vippe.

X.9.2 Some Danish reflexive verbs correspond to intransitives in English:

Raketten *bevægede sig* med en stor fart. (moved)
Børnene *opførte sig* pænt, da gæsterne kom. (behaved)
Vi må *skynde os*, hvis vi skal nå toget. (hurry)

124

Jørgen *satte sig* ikke, før han blev bedt om det. (sat down)

X.9.3 Danish reflexives corresponding to English intransitives do not add the emphatic pronoun *selv*. However, for the sake of contrast or emphasis *selv* will be added to Danish transitives used reflexively:

> Han håbede at narre de andre, men han narrede kun sig selv.
> Han så sig i spejlet. BUT: Han så kun sig selv i spejlet.
> Han reddede sig op på tømmerflåden. BUT: Han reddede sig selv og lod de andre drukne.

(Cf. VII.1.7).

X.10 The passive

There are three forms of the passive in Danish:

> the -s form.
> *blive* + past participle.
> *være* + past participle. (For past participle see X.15.2, below).

Of these, the -s form is most commonly found in the written language, while the spoken language tends to *blive* + past participle. The more informal the spoken language, the more pronounced this tendency becomes. *Være* + past participle has a different meaning, and it does not compete with the other two passive forms.

X.10.1 *The passive in -s*

X.10.1.1 This form occurs mainly in the present of all verbs and the preterite of regular verbs. Very few irregular verbs can form the preterite passive in -s (in fact almost exclusively those forming the preterite in **-de** or **-te,** which is one of the reasons why certain linguists argue that these verbs in practice stand as an extremely small group of regular verbs in a third conjugation).

X.10.1.2 The passive is formed in the present according to the same pattern as the active, except that the active -r is replaced in the passive by -s. In the preterite the active -ede and -te are replaced in the passive by -edes and -tes. Verbs undergo the same vowel changes, if any, as in the active.

The very small number of irregular verbs which can form a passive from a monosyllabic preterite do so by adding -es:

Infinitive	Stem	Present passive	Preterite passive
at hente	hent	hentes	hentedes
at sende	send	sendes	sendtes
at følge	følg	følges	fulgtes
at sige	sig	siges	sagdes
at give	giv	gives	gaves

NOTE: *At vide,* which has an irregular active present form, *jeg ved,* has a regular passive form, *det vides:*
Det vides, at mange mennesker omkom i stormen.

X.10.2 *The use of the passive in* -s

X.10.2.1 The -s forms in the present tense are preferred when the main emphasis of the sentence is contained in the subject-verb combination or, in a sentence beginning with *der,* in the verb alone. Who carried out the action is usually of secondary importance. The -s form of the passive thus often indicates what is customary:

Postkassen tømmes hver dag undtagen søndag.
Der arbejdes fra 8 til 15 her på kontoret.
Friske æg sælges.

The -s forms in the present are also used to express polite requests:

De anmodes om at komme til møde kl. 14.
Al opmærksomhed ved vort guldbryllup frabedes.
Man bedes gå stille på hospitalets gange.

X.10.2.2 The *passive infinitive* is identical to the present tense of the passive. It can be formed by all verbs which have an -s passive, plus the modal *at kunne* when it is used in the sense of "to know":

Han skal opereres i morgen.
Det må understreges, at jeg intet vidste om det.
Lektierne skal kunnes ordentligt.

NOTE: *At ville* cannot be used with passive infinitives in quite the same way as the other modals. If used with an -s passive, it will always imply an act of the will. To indicate future it will be combined with a passive in *blive* + past participle:

Patienten på værelse 31 vil gerne bades nu.
Patienten vil blive badet, når sygehjælperen kommer.

X.10.2.3 The -s passive is far less common in *the preterite* than in the present tense. There is a very distinct tendency to use *at blive,* even in the most formal written language.

X.10.3 *The passive with blive + past participle*
This is formed quite simply by adding a past participle to the appropriate tense of *at blive:*

Far blev rørt over al den opmærksomhed, han fik.
Jeg bliver forfærdet, når jeg ser de høje priser.
Anna er blevet meget rost for sit klaverspil.

X.10.4 *The use of the passive with blive + past participle*
The passive with *blive* means almost the same as the -s passive. Its being the more common form in the spoken language does not mean that it is not used in the written language:

Den eftersøgte forbryder blev set i København i går.
Skuespillet bliver opført for sidste gang i morgen.

X.10.5 *The relationship between the two passive forms*

X.10.5.1 The passive with *at blive* is more common than the -s passive in the following cases:
in the preterite of irregular verbs:

Der blev givet oplysning om ulykken i radioen.
(*gaves* is possible but unlikely)
Soldaten blev skudt i armen.
Nationalsangen blev sunget.

(In the second two examples no -s form is possible).

in the infinitive:

Han elsker at blive beundret.
Monica var træt af at blive drillet.

X.10.5.2 *At blive* is more common in verbs implying a single happening:

Alle ruder blev knust under bombardementet.
Olaf blev ramt i ansigtet af en snebold.
Hvor boede dine forældre, da du blev født?

X.10.5.3 *At have, at få, at eje* and verbs indicating opinion do not take a passive with *blive:*

Maleriet ejes af Nationalmuseet.
Blanketter fås på politistationen.
Reservedele haves på lager.
Besætningen menes at være omkommet.
Det føles varmt udenfor i dag.

X.10.5.4 In many instances, however, the two passive forms are interchangeable:

Der holdes (OR: bliver holdt) to forelæsninger om ugen.
BBC høres (OR: bliver hørt) af mange mennesker rundt i verden.

X.10.6 *The passive with være + past participle*
The passive can also be expressed by means of *at være +* past participle. This construction is only used for an absolutely passive, static condition, and the past participle in these sentences is very close to an adjective:

Mads er kendt som grafiker.
Jeg havde ikke lyst til at grave haven, men nu er det gjort.

NOTE 1: Joseph Crabtree *er* født i Chipping Sodbury. – Joseph Crabtree *was* born in Chipping Sodbury.

NOTE 2: English "is called" is not passive in Danish:
Han hedder Ib.

NOTE 3: Some other passive constructions in English are not passive in Danish:

128

Huset brændte. – The house (was) burned down.
(*Huset blev brændt* suggests that someone put a match to it)

Hunden druknede. – The dog was drowned.
(*Hunden blev druknet* suggests that someone held its head under)

NOTE 4: Combined with *er/var* active infinitives in Danish correspond to passive infinitives in English:

Båden er ikke (til) at finde.
Han er ikke (til) at se.

X.10.7 *Reciprocal verbs*

The -s form of the passive is used in reciprocal verbs. Reciprocal verbs do not have a real passive sense, but express a reciprocal relationship:

Drengene skændes eller slås hele tiden.
Vi mødes i morgen.
Vi ses senere.

X.10.8 *Deponent verbs*

Danish contains a small number of deponent verbs, i.e. verbs which are passive in form and active in meaning:
e.g. *synes, lykkes, grønnes, færdes, ældes, rygtes, dages:*

Jeg synes, du opfører dig dumt.
Skoven grønnes.
Min far ældes meget for tiden.
Det rygtedes snart, at han var væk.

NOTE: *At lykkes* is both deponent and impersonal:

Jeg håber, det må lykkes for dig.
Henrik prøvede at blive færdig til i dag,
   men det lykkedes ikke.
Det lykkedes mig at vaske bilen trods regnen.

X.10.9 *Passive in relation to transitive and intransitive*

X.10.9.1 Transitive verbs are those most likely to form the passive. In the change from a normal active sentence into the passive, the object becomes the subject and the original subject becomes a prepositional phrase introduced by *af:*

129

Far hentede Peter. – Peter blev hentet af far.
Jordskælvet udslettede landsbyen.
Landsbyen blev udslettet af jordskælvet.

If there is no object in the active sentence, the passive sentence will use *der* as its formal subject:

Folk smugler tit ved den dansk-tyske grænse.
Der smugles tit ved den dansk-tyske grænse.

X.10.9.2 Intransitive verbs can sometimes form passives according to this last pattern:

Der hviskes meget i krogene før jul.
Der arbejdedes på tunnelbygningen.

X.10.10 *The passive of certain inseparable verbs*
English can form a passive sentence in which the indirect object of the active sentence becomes the subject of the passive one: "He was given a book." Danish cannot usually do this, but a small number of inseparable compound verbs based on preposition plus verb can take this construction:

Retten idømte ham en bøde. →
Han idømtes en bøde af retten.

X.10.11 *The passive in English and Danish*
English probably makes more use of the passive than Danish, which will often prefer to use the impersonal pronoun *man* in place of the passive. (See VII.4). In many cases Danish will also use the formal subject in forming a passive sentence.
The English sentence, "The police were sent for", can be rendered in three ways in Danish:

Der blev sendt bud efter politiet.
Man tilkaldte politiet.
Politiet blev tilkaldt.

130

X.11 At være

X.11.1 The verb *at være* is inflected as follows:

Present:	jeg er
Preterite:	jeg var
Perfect:	jeg har været

X.11.2 *At være* is used:

X.11.2.1 as a straightforward verb linking two concepts, with little meaning other than the time indication given in the tense:

Møller er bibliotekar.
Rhinen er en flod.
Smørret var i køleskabet.
Bob var træt i går.

X.11.2.2 in combination with the two formal subjects *det* and *der*. (Cf. VII.5).

Det er regnvejr i dag.
Der var en plet på gulvet.

X.11.2.3 in combination with certain participles to form the perfect and pluperfect tenses. (See X.15.4.2.2).

Vasketøjet var faldet ned fra snoren.
Byen er vokset meget de sidste ti år.

Note the following idioms:

Hvad er den af?	What is the trouble?
Var du med i demonstrationen?	Did you take part in the demonstration?
Er du med?	Do you follow?/ Are you with me?
Det får være.	Never mind.
Må vi være her!	Nonsense!
Han er og bliver naiv.	He is and always will be naive.

X.12 At have

X.12.1 The verb *at have* is inflected as follows:

Present:	jeg har
Preterite:	jeg havde
Perfect:	jeg har haft

X.12.2 *At have* is used:

X.12.2.1 In the sense of to have, to own, to possess.

Hun har en Opel.

Han har haft mange sygdomme.

NOTE: In the future tense the English "will have" may well be rendered by *vil få* rather than by *vil have*. For the relationship between *at have* and *at få* see X.12.3 below.

X.12.2.2 in combination with an infinitive plus object:

Jeg har nok at lave.

Han havde meget at lære.

X.12.2.3 in combination with *med:*

Han har sin datter med i aften.

Har De Deres pas med?

X.12.2.4 in combination with an object plus participle:

Jeg havde min mor boende hele sommeren.

Hun har altid blomster stående på bordet.

Vi har forbryderen indkredset.

X.12.2.5 in combination with most past participles to form the perfect tense. See X.15.4.2.1.

NOTE: to have dinner – at *spise* middag.

X.12.3 *At have and at få*

Although the basic meanings of *at have* and *at få* are easily definable, the borderline between them is not always clear. It does not coincide with the borderline between the English verbs "to have" and "to get", with which these two verbs are most obviously associated. There are sentences in which the

132

two mean almost the same thing, but if a choice is to be made, it is useful to remember that *at have* tends to express a state or condition, while *at få* denotes a transition, a change, and is thus slightly more active in implication:

Jeg må have det gjort   I must have it done
inden søndag.   by Sunday.
Jeg skal få det gjort   I shall get it done
inden søndag.   before Sunday.

At få combines with *må* to indicate a polite request:

Må jeg få smørret?
Må jeg få lokal 35? (asking for a telephone extension)
Må jeg få 3 kg kartofler?

At have is in polite expressions combined with *vil gerne*, indicating a desire to acquire possession of something. The two thus overlap to a great extent, but *vil gerne* cannot be combined with *få*, and *må* is never combined with *have* in questions. So the questions above could be expressed equally politely in the following way as straightforward requests:

Jeg vil gerne have smørret.
Jeg vil gerne have lokal 35.
Jeg vil gerne have 3 kg kartofler.

X.13 Modal auxiliary verbs

The modal auxiliary verbs are as follows:

X.13.1

at kunne	jeg kan	jeg kunne	jeg har kunnet
			(can)
at skulle	jeg skal	jeg skulle	jeg har skullet
			(have to/must)
at ville	jeg vil	jeg ville	jeg har villet
			(wish/will/be willing)
at måtte	jeg må	jeg måtte	jeg har måttet
			(may/must)
at turde	jeg tør	jeg turde	jeg har turdet
			(dare)
at burde	jeg bør	jeg burde	jeg har burdet
			(ought)
(at gide	jeg gider	jeg gad	jeg har gidet
			(be bothered))

133

NOTE: *At gide* functions as an auxiliary verb in that it cannot stand on its own without another verb at least being implied. It is, however, different in form from the other modal auxiliaries, all of which have a preterite identical to the infinitive. (In the other modal auxiliaries it is, in fact, the present tense which is irregular).

X.13.2 The distinction between these modal auxiliaries and *at være* and *at have* when used as auxiliaries is that these all imply an attitude or state of mind, whereas *at være* and *at have* do not.

X.13.3 The modal auxiliaries do not have present participles, with the exception of *at ville*, which in elevated language *can* form the present participle *villende*.

X.13.4 The modal auxiliaries resemble intransitive verbs in having no passive form. The exception is *at kunne*, which has the subsidiary meaning of "to know". (Cf. X.10.2.2).

X.13.5 *At kunne* (in the sense of "to know") can stand on its own and take a direct object:

Han kan tysk.

X.13.6 The modal auxiliaries have no imperative or subjunctive forms.

X.13.7 The main function of the modal auxiliary verbs is to combine with an infinitive to form a clause. *At* is not used with the infinitive after a modal:

can
must
will
dare
ought
be bothered

Jeg kan læse.
Han har måttet betale regningen.
Han vil købe hus.
Pigerne turde ikke se hen på drengene.
Mor burde snart sende mig et brev.
Jeg gider ikke læse den roman.

X.13.8 The infinitive following a modal auxiliary can be in the passive, normally in the -s form, but sometimes with *blive:*

Fårene skal snart slagtes.
Brevet må ikke sendes før i morgen.
Kan jeg blive klippet i morgen?

134

(For the passive infinitive with *vil* see X.10.2.2, Note).

X.13.9 The modal auxiliaries can be used to form a kind of imperative; in this sense *at ville* and *at kunne* will appear in sentences with an exclamation mark rather than a question mark:

Du skal sove nu!
Vil du så komme her hen!
Kan du så tie stille!

X.13.10 The modal auxiliaries can be used elliptically when the relevant infinitive has been previously mentioned, or when the sense is clear from the context:

„Kommer du i aften?" – „Jeg må ikke for min kone."

X.13.11 *At skulle, at ville* and *at måtte,* (when implying compulsion), and occasionally *at burde,* can be joined to an adverb or an adverb phrase without using a verb:

Jeg vil op i morgen kl. 7.
De skulle tidligt hjem.
Jeg måtte frem og tilbage mange gange.

At kunne and *at turde* cannot be used in this way, and always require the infinitive:

Du kan gå hjem nu.
Han turde kun gå langsomt frem.

NOTE: Especially *at skulle* and *at ville* are often found combined with *med* without the support of other verbs:

Den hund skal med alle vegne.
Drengen ville ikke med sin mor.
Vil du med?

The other modals usually require a verb of motion in support of *med:*

Må Lone komme med?
Jeg tør ikke rejse med på grund af min ryg.
Burde han ikke (tage) med?
Børnene gad ikke gå med.

135

X.13.12 *At måtte*

In the affirmative *må* can imply either compulsion or permission:

David må gå hjem nu.

In order to avoid ambiguity *godt* or *gerne* will often be added to *må* if the implication is permission:

David må godt gå hjem nu.

In the negative *må* implies prohibition or the withholding of permission:

David må ikke gå hjem nu.

In the interrogative *må* is used to seek permission, and may be followed by *godt* or *gerne:*

Må David (godt) gå hjem nu?

If it is a question of compulsion in the interrogative, *må* is replaced by *skal:*

Skal David gå hjem nu?

X.14 The infinitive

X.14.1 *Form*

The active infinitive consists of the stem + -e and is often preceded by *at:*

at høre   at give   at lege

The passive infinitive, where this can be formed, ends in -s:

at høres   at gives   at pines

Monosyllabic stems ending in -e, -o, -y, -ø and -å do not normally add -e:

at se   at bo   at sy   at gø   at gå

Monosyllabic stems in -u normally add -e:

at grue   at true

Monosyllabic stems in -i sometimes add -e and sometimes do not:

at tie   at fri

136

X.14.1.1 The infinitive often has the function of a noun:

Poul elsker at spille kort.
Nu til dags er børn ikke bange for at gå til tandlæge.

X.14.1.2 *At* is always omitted from the infinitive in combination with a modal verb:

De må skynde Dem hjem.
Barbara vil hente Poul.
Peter skal læse lektier.

X.14.1.3 After *behøve* the infinitive will usually take *at*, but colloquial Danish will usually omit it:

Du behøver ikke (at) skrive alle invitationerne.
Han behøvede ikke (at) være så bange.
Vi behøver ikke (at) være der inden klokken seks.

X.14.1.4 When placed at the beginning of the sentence, the infinitive will not usually be preceded by *at* when related to a modal, but it will require *at* in conjunction with other verbs; when found in this position, the infinitive may well be linked to the remainder of the sentence by *det:*

Synge (det) kan hun.
At tegne (det) er hans største interesse.

X.14.1.5 In incomplete sentences, often sentences presupposing a modal, *at* is not used with the infinitive:

Hvorfor spare, hvis man har penge nok?
Ikke mase på! (i.e. Du må ikke mase dig på)

X.14.1.6 *At* is not repeated in parallel infinitives:

Han ønsker hverken at se eller høre.
De begyndte at synge og spille.

X.14.1.7 A negative infinitive has *ikke* before *at:*

Aage bad Ingeborg om ikke at spille så højt.
Jeg lover dig ikke at tale mere om den sag.

X.14.1.8 There is no such thing as a split infinitive in Danish, and nothing ever comes between *at* and the infinitive:

137

Peter lovede Christine snart at komme igen.
OR: Peter lovede Christine at komme igen snart.

X.14.2 The use of the infinitive

X.14.2.1 As the subject of a sentence:

At kunne digte ligger ikke til enhver.
At se fjernsyn er ofte tidsspilde.

NOTE: In practice there is a tendency not to place the infinitive as a plain subject, but to couple it to a formal subject, in which case the infinitive is placed later in the sentence:

Det ligger ikke til enhver at kunne digte.
Det er ofte tidsspilde at se fjernsyn.
Det er dumt at vente med at læse lektier.
Det var spændende at fejre jul i det fremmede.

X.14.2.2 As the predicate:

Hendes eneste tanke var at hjælpe.
Skolens formål er at undervise, ikke at underholde.

X.14.2.3 As the object of a verb or preposition:

Du må love mig at komme.
Hun var interesseret i at læse.
Mormor er dygtig til at strikke trøjer.

X.14.2.4 Together with a logical subject or an accusative-infinitive construction after verbs denoting sensing, permission, wishing, requesting. The infinitive can be either active or passive. Most infinitives in such constructions will be without at, but at will always be found after tillade, forbyde and befale:

Jeg så tågen lette.
Jeg hørte pludselig fars navn blive nævnt.
De lod børnene lege videre en time til.
Sygdommen tillod mig ikke engang at læse.
Hun bad gæsterne gå til bords.

NOTE: English accusative-infinitive constructions based on other verbs must be rendered in Danish by means of a subordinate clause:

138

He expected me to do the garden: Han ventede, at jeg
skulle ordne haven.

I wish him to come: Jeg ønsker, han skal komme.

I want/would like you to go home now: Jeg vil gerne have,
du går hjem nu.

X.14.3 The infinitive after a verb

X.14.3.1 In Danish, as in English, the connection between a verb and
an infinitive is made by *at* (English "to"). *At* thus becomes a
mere link, with little meaning. Both languages sometimes
need to strengthen this link, especially to indicate purpose or
intention. In this case English tends to expressions such as
"in order to", while Danish uses *for at*. *For at* is more com-
mon than its English equivalent:

Ingen var på stationen for at hente mig.

Uret måtte til urmageren for at blive renset.

Jeg måtte tale meget højt for at blive hørt af alle.

X.14.3.2 Although modal verbs are not normally followed by *at*, there
is one construction in which they can be followed by *til at;* in
this case *til at* implies being on the point of doing something
or setting about doing something:

Jeg skulle lige til at gå hjem, da han ankom.

Jeg vil til at bage nu.

(Cf. X.8.5).

X.14.4 The infinitive after a noun phrase
After a noun phrase the infinitive – often preceded by the
proposition *til* – indicates what the noun is used for or intend-
ed for:

Han har lavet en lille kasse til at sætte pensler i.

Hvornår skal vi have noget at spise?

X.14.5 The infinitive after a preposition
After a preposition the infinitive will always be used in Dan-
ish, even where a gerund would be used in English:

Vi sad længe uden at sige noget.

Jeg glæder mig til at se dig snart.

Jeg har ikke noget imod at tage til London hver dag.

139

X.15 Participles

In Danish there are both present and past participles to most verbs. Participles, though strictly speaking parts of the verb, are partly adjectival in function. Indeed, it may reasonably be argued that present participles are predominently adjectival, while the verbal aspect is more apparent in past participles, which are used to form compound tenses.

X.15.1 *The present participle* is formed by adding **-ende** to the stem of the verb:

at spise	spis	spisende
at male	mal	malende
at kvæle	kvæl	kvælende
at gå	gå	gående

X.15.1.1 Like other adjectives ending in **-e**, present participles show no inflexion when used in the definite or neuter:

en rensende væske
den rensende væske
et døende menneske
det døende menneske

X.15.1.2 Practically speaking all verbs can form a present participle. Exceptions are verbs found only in the passive form (e.g. *at synes, at færdes*) and modal auxiliaries. Reflexive verbs rarely form a present participle.

X.15.2 *The past participle* is formed by adding **-(e)t** to the stem; the stem vowel will modify in many irregular verbs:

at spise	spis	spist
at male	mal	malet
at kvæle	kvæl	kvalt
at gå	gå	gået

X.15.2.1 *Weak verbs* with the preterite in **-ede** and modal verbs form the past participle by adding **-et** to the stem:

at rense	rens	rensede	renset
at brøle	brøl	brølede	brølet
at savne	savn	savnede	savnet

140

NOTE: Stems with a short vowel and a single final consonant will double the consonant:

at rømme	røm	rømmet
at vække	væk	vækket
at bytte	byt	byttet

X.15.2.2 Weak verbs forming the preterite in -te form the past participle by adding -t to the stem:

at spise	spis	spiste	spist
at høre	hør	hørte	hørt

X.15.2.3 *Irregular verbs* form their past participles in -et or -t, and as in the preterite they often undergo a vowel change. However, whereas it was possible to point to certain trends in the preterite, it is much more difficult to do so in the past participle, and you are referred to the list of irregular verbs.

X.15.2.4 Alongside the normal ending -(e)t, some *irregular verbs* can form a past participle in -en. This is a relic of the time when past participles declined according to the gender of the noun to which they referred; however, even in modern Danish the -en form is still found and must be used in certain cases:

Jeg har indbundet mange bøger i tidens løb.
Denne bog er smukt indbundet.
Jeg ønsker mig en fint indbunden bog i julegave.
Der står mange indbundne bøger på min reol.

In practice it can be said that when used as part of a verb in a compound tense and when used predicatively, these participles do not decline. However, when used attributively they form a very small group of adjectives which behave rather differently from other adjectives.
The declension then becomes as follows:

Indefinite declension
Common singular:	-en	en indbunden bog
Neuter singular:	-et	et indbundet manuskript
Plural:	-ne	indbundne manuskripter

Definite declension
Common singular:	-ne	den indbundne bog
Neuter singular:	-ne	det indbundne manuskript
Plural:	-ne	de indbundne manuskripter

In the common singular indefinite, but nowhere else, some variation in usage will be found, and so *en indbunden bog* will vary with *en indbundet bog*.

Verbs with past participles which can behave in this way are indicated in the list of irregular verbs.

NOTE 1: In some cases past participles of this type will have both a literal and a figurative meaning. When this happens, there is a tendency for the past participle with the literal meaning to behave like a normal past participle in the common singular indefinite, and for the figurative participle to behave as shown in the table above:

> en bunden opgave (a paper on a set subject)
> en bundet hund (a tethered dog)

NOTE 2: In some past participles of this type the original meaning has been completely lost, e.g. *dreven, erfaren, kilden, kneben*. In these cases they behave like ordinary adjectives ending in -en:

> en kilden dreng   et kildent punkt   kildne problemer
> en kneben sejr   et knebent flertal

NOTE 3: Even further away from its original participial sense is *egen/eget/egne* ("own"):

> min egen bog
> hans eget hus
> vore egne kager

(Cf. VII.6.3).

X.15.2.5 It is not always possible to make past participles from verbs which are *passive* in form *(at længes, at rygtes, at færdes* etc.), and there is a tendency to find other ways of expressing them. However, there are cases where an attempt at a past participle will be found, though some of them are more akin to the preterite:

> Jeg har længtes efter dig længe.
> Det er rygtedes, at I har fået tvillinger.

At slås is treated in a special way:

> Present: De slås. OR: De er oppe at slås.
> Perfect: De har været oppe at slås.

X.15.3 *Use of the present participle*

X.15.3.1 Adjectival properties:

X.15.3.1.1 It can appear as an ordinary attributive adjective:

Det var et strålende vejr.
De hylende hunde forskrækkede os.

X.15.3.1.2 It can be used predicatively, indicating a state which is contemporaneous with the verb. Present participles used in this way should not be confused with the continuous tenses in English:

Stormen var tiltagende.
Hendes helbred er svigtende.

X.15.3.1.3 Like any other adjective, the present participle can act as a noun. Certain participles, e.g. *den rejsende, uvedkommende* (persons without a specific errand), are very common and stand almost as nouns in their own right:

Mange rejsende stod af toget i Fredericia.
unauthorised Uvedkommende forbydes adgang!
Der blev sendt skriftlig besked til alle de fraværende. — _absentees_
message ,

X.15.3.1.4 Like other adjectives, many present participles can be used adverbially:

Det hele gik overraskende hurtigt.
Han svarede bekræftende på mit spørgsmål.
Hun var strålende glad.

Certain present participles will be used in this way as adverbs of degree:

Kaffen var brændende varm.
Det var forbavsende koldt.

Some adverbs used in this way will lose their original meaning:

Jeg har rygende travlt.
Olien er blevet rasende dyr.

X.15.3.2 Verbal properties:

X.15.3.2.1 Verbal properties are secondary in present participles, though they are to be found after a few verbs such as *at være, at blive, at komme:*

> Børnene kom farende ind i stuen.
> Han blev liggende i sengen hele formiddagen.
> Peter er ikke gående i dag; han er vist på cykel.

X.15.3.2.2 Very occasionally the present participle will be found linked to the object of a verb:

> Jeg fandt ham liggende i en hængekøje.

However, the Danish present participle is *never* linked verbally to the subject of a sentence. Thus, English sentences such as "coming in through the door, Ole saw the dog under the table" *must* be expressed differently in Danish, usually by means of a clause introduced by *da* or *idet:*

> Da (OR: idet) Ole kom ind ad døren, så han hunden under bordet.

X.15.4 Use of the past participle

X.15.4.1 Adjectival properties:

X.15.4.1.1 It can appear as an attributive adjective:

> Han kom hjem til et forladt hus.
> Du må huske at levere de lånte bøger tilbage.
> Den ophidsede kunde råbte højt.

X.15.4.1.2 It can function as a predicative adjective:

> Den forfatter var ukendt for mig.
> Sagen anses for afsluttet.
> Han følte sig forfulgt.

X.15.4.1.3 It can function as a noun:

> De efterladte fulgte kisten til graven.
> Den dømte sad med bøjet hoved.
> Peters overordnede kaldte på ham.

144

X.15.4.1.4 It can serve as an adverb:

Man skal aldrig handle overilet.

X.15.4.2 Verbal properties:
The most important function of the past participle is to form compound tenses: perfect, pluperfect, future perfect etc.

X.15.4.2.1 *At have* + *past participle* form the perfect and pluperfect of active verbs:

Han har skrevet mange bøger.
John havde lavet maden, da Louise kom hjem.
Næsten alle har haft mæslinger.
Jeg har aldrig været i Rom.
Min bror har fået et nyt arbejde.

Note the construction for impossible conditions:

Jeg ville have spurgt dig, hvis du havde været her.
Han kunne godt have sendt mig et julekort.

X.15.4.2.2 *At være* + *past participle* form the perfect and pluperfect of intransitive verbs indicating motion or change of state:

De er rejst.
Tyven var forsvundet.
Poul er kommet til at se ældre ud.
Niels er blevet større, end han var.

NOTE: The perfect and pluperfect of verbs of motion will sometimes be found with *at have*, in which case there will be a slight difference in emphasis. The combination with *at være* will focus on the direction of the action or the change which has been brought about:

Mor er gået. (i.e. She is no longer here).
Kaj er lige løbet over til Lars for at lege.

If, however, *at have* is used, the emphasis will be on the kind of movement (walking, running etc.) undertaken:

Mor har gået hele formiddagen, så hun er træt i benene.
Han havde løbet hele vejen, så han var forpustet.

NOTE: *At være* + the past participle of transitive verbs gives the past participle a predicative sense. Cf. X.10.6.

145

Priserne er ofte nedsat i januar.
Mange træer var væltet i den stærke storm.

X.15.4.2.3 *At blive* + *past participle* forms the passive. See X.10.3 ff.

X.15.4.2.4 *At få* + *past participle* expresses an active future perfect or pluperfect. *At få* + past participle replaces *at have* + past participle if the clause in which it appears is intended to express the completed action rather than the resultant state:

Når jeg får pudset de vinduer, er jeg færdig.

This sentence is not very far in meaning from:

Når jeg har pudset de vinduer, er jeg færdig.
OR: Når de vinduer er pudset, er jeg færdig.

However, it is slightly more active in tone, thinking of the action to be performed, while the other two are more concerned with the state of having the windows cleaned.

NOTE: The use of the perfect tense in Danish corresponds largely to that in English. It can, however, be used in one case where English would use the preterite.

| Vi har boet i | We have lived in |
| Købenavn i et år. | Copenhagen for a year. |

BUT:

| Jeg har boet (OR: jeg boede) | I *lived* in Copenhagen |
| i København som dreng. | as a boy. |

English limits the perfect in this way to an action which is still going on, but Danish can use it where the effects of that action are still relevant.

X.16 Irregular Verbs

Infinitive	Present	Preterite	Past Participle
bede	beder	bad	bedt
betyde	betyder	betød	betydet
bide	bider	bed	bidt
binde	binder	bandt	*bundet
blive	bliver	blev	*blevet

Infinitive	Present	Preterite	Past Participle
bringe	bringer	bragte	bragt
briste	brister	brast/	bristet
		bristede	
bryde	bryder	brød	brudt
burde	bør	burde	burdet
byde	byder	bød	budt
bære	bærer	bar	°båret
drage	drager	drog	*draget
drikke	drikker	drak	°drukket
drive	driver	drev	*drevet
dø	dør	døde	død
dølge	dølger	dulgte	dulgt
falde	falder	faldt	*faldet
fare	farer	for	°faret
finde	finder	fandt	*fundet
fise	fiser	fes	fiset
flyde	flyder	fløde	flydt
flyve	flyver	fløj	°fløjet
fnyse	fnyser	fnøs/fnyste	fnyst
fortryde	fortryder	fortrød	fortrudt
fryse	fryser	frøs	*frosset
fyge	fyger	føg	føget
følge	følger	fulgte	fulgt
få	får	fik	fået
gide	gider	gad	gidet
give	giver	gav	*givet
glide	glider	gled	*gledet
gnide	gnider	gned	*gnedet
gribe	griber	greb	*grebet
græde	græder	græd	grædt
gyde	gyder	gød	gydt
gyse	gyser	gøs/gyste	gyst
gælde	gælder	gjaldt	
gøre	gør	gjorde	gjort
gå	går	gik	gået
have	har	havde	haft
hedde	hedder	hed	heddet
hive	hiver	hev	°hevet
hjælpe	hjælper	hjalp	°hjulpet
holde	holder	holdt	holdt
hænge	hænger	hang/hængte	hængt

147

Infinitive	Present	Preterite	Past Participle
jage	jager	jog	jaget
klinge	klinger	klang	klinget
knibe	kniber	kneb	*knebet
komme	kommer	kom	°kommet
krybe	kryber	krøb	°krøbet
kunne	kan	kunne	kunnet
kvæde	kvæder	kvad	kvædet
kvæle	kvæler	kvalte	kvalt
lade	lader	lod	ladt
le	ler	lo	let
lide	lider	led	lidt
ligge	ligger	lå	ligget
lyde	lyder	lød	lydt
lyve	lyver	løj	°løjet
lægge	lægger	lagde	lagt
løbe	løber	løb	°løbet
måtte	må	måtte	måttet
nyde	nyder	nød	nydt
nyse	nyser	nøs/nyste	nyst
pibe	piber	peb	°pebet
ride	rider	red	°redet
rinde	rinder	randt	°rundet
rive	river	rev	*revet
ryge	ryger	røg	røget
række	rækker	rakte	rakt
se	ser	så	set
sidde	sidder	sad	siddet
sige	siger	sagde	sagt
skide	skider	sked	skidt/skedet
skride	skrider	skred	°skredet
skrige	skriger	skreg	°skreget
skrive	skriver	skrev	*skrevet
skulle	skal	skulle	skullet
skyde	skyder	skød	skudt
skælve	skælver	skælvede/	skælvet
		skjalv	
skære	skærer	skar	*skåret
slibe	sliber	sleb	*slebet
slide	slider	sled	slidt
slippe	slipper	slap	°sluppet
slå	slår	slog	slået

Infinitive	Present	Preterite	Past Participle
smide	smider	smed	smidt
smøre	smører	smurte	smurt
snige	sniger	sneg	sneget
snyde	snyder	snød	snydt
sove	sover	sov	sovet
spinde	spinder	spandt	*spundet
springe	springer	sprang	*sprunget
sprække	sprækker	sprak/	*sprukket
		sprækkede	
spørge	spørger	spurgte	spurgt
stige	stiger	steg	*steget
stikke	stikker	stak	*stukket
stinke	stinker	stank	stinket
stjæle	stjæler	stjal	*stjålet
stride	strider	stred	stridt
stryge	stryger	strøg	*strøget
strække	strækker	strakte	strakt
stå	står	stod	stået
svide	svider	sved	*svedet
svinde	svinder	svandt	*svundet
svinge	svinger	svang/	*svunget/
		svingede	svinget
sværge	sværger	svor	*svoret
synes	synes	syntes	syntes
synge	synger	sang	*sunget
synke	synker	sank	*sunket
sælge	sælger	solgte	solgt
sætte	sætter	satte	sat
tage	tager	tog	°taget
tie	tier	tav	tiet
træde	træder	trådte	trådt
træffe	træffer	traf	*truffet
trække	trækker	trak	°trukket
turde	tør	turde	turdet
tvinde	tvinder	tvandt	tvundet
tvinge	tvinger	tvang	*tvunget
tælle	tæller	talte	talt
vide	ved	vidste	vidst
vige	viger	veg	°veget
ville	vil	ville	villet
vinde	vinder	vandt	*vundet

149

vride	vrider	vred	*vredet
vække	vækker	vækkede/ vakte	vækket/vakt
vælge	vælger	valgte	valgt
være	er	var	været
æde	æder	åd	ædt

The sign * indicates that the past participle and derivatives inflect as shown in X.15.2.4.

The sign ° indicates that derivatives of the past participle inflect.

XI: Word order

There are few possibilities of inflection in Danish, and so it is the position of words in relation to each other which indicates their role and meaning. Fairly consistent guidelines can be formulated to indicate the general pattern of word order in a Danish sentence, but, as has been seen in the preference of one synonym rather than another, the rhythm of the sentence will sometimes be a decisive factor.

XI.1 Word order in main clauses

XI.1.1 A simple pattern for a sentence is a main clause consisting of a subject followed by a simplex verb:

Solen skinnede.
Hun syr.

XI.1.2 If an object is added, it will come immediately after the verb:

Jeg betalte regningen.
Gaven glædede mig.
Hun hørte mig.

XI.1.3 If an indirect object is added, it will precede the direct object:

Jeg betalte Ellen pengene.
Mor gav mig et kys.

NOTE 1: The personal pronoun indirect object is in the oblique form.

NOTE 2: Sentences of this type, in which the indirect object is not a pronoun, will often be turned into sentences with a preposition plus object:

Jeg betalte pengene til Ellen.
Vi sendte pakken til skolen.

Very occasionally a preposition will be used with a pronoun indirect object:

> Jeg sender en pakke til dig.
> Jeg betalte pengene til hende.

NOTE 3: If both the direct and indirect objects are pronouns, the indirect object will still precede the direct:

> Ole gav mig den.
> Jeg sender dig den.

XI.1.4 If the verb is in a compound tense, the above patterns are not affected:

> Solen burde have skinnet.
> Du har sovet.
> Jeg skal have betalt ham pengene.
> Vi skulle sende pakken til skolen.

XI.1.5 To turn these statements into interrogatives, the finite verb is placed first in the sentence:

Solen skinnede.	Skinnede solen?
Du har sovet.	Har du sovet?
Jeg skal betale ham pengene.	Skal jeg betale ham pengene?
Vi skulle sende pakken til skolen.	Skulle vi sende pakken til skolen?

XI.1.6 From the above it can be seen that the subject is closely tied to the verb: in positive statements it is placed immediately before it, in questions immediately after it. In the following these constructions will be referred to as *normal word order* and *inverted word order,* two concepts which play an important role in Danish.

XI.1.7 If the sentence is to be negated, the negative adverb *ikke* is added immediately after the finite verb in normal word order:

Solen skinnede.	Solen skinnede ikke.
Du har sovet.	Du har ikke sovet.
Vi havde sendt pakken.	Vi havde ikke sendt pakken.

| Han burde have købt | Han burde ikke have |
| den bil. | købt den bil. |

To form a negative question, *ikke* is added immediately after the subject:

Skinnede solen?	Skinnede solen ikke?
Skal jeg betale pengene	Skal jeg ikke betale
til Ellen?	pengene til Ellen?

XI.1.8 If for some reason there is no subject in the normal position, its place will be filled by *det* or *der* (See VII.5), which then have the grammatical function of a subject and undergo the same changes of position as a normal subject.

XI.1.9 The basic word order is sometimes broken, usually for the sake of emphasis, by placing an element other than the subject first in the sentence. In cases where this happens the verb and subject will be inverted, while the remainder of the sentence remains unaltered.

Usually only one element at a time can be moved to the beginning of the sentence:

XI.1.9.1 The object is often moved for emphasis:

Jeg kender Ole,	Ole kender jeg,
men ikke Per.	men ikke Per.
Jeg kan ikke lide ham.	Ham kan jeg ikke lide.

XI.1.9.2 Adverbs of time are often moved forward:

Jeg kører til Jylland	I morgen kører jeg
i morgen.	til Jylland.
Solen gik ned kort efter	Kort efter klokken 4
klokken 4.	gik solen ned.

XI.1.9.3 Adverbs and prepositional phrases indicating place can move forward:

Grete og Oluf bor derovre.
Derovre bor Grete og Oluf.
Jeg kender mange af lærerne på den skole.
På den skole kender jeg mange af lærerne.

XI.1.9.4 A prepositional phrase will often move forward in a sentence with *der* as a formal subject:

Der lå en stor hund under bordet.	Under bordet lå der en stor hund.
Der bor ca. 5 millioner mennesker i Danmark.	I Danmark bor der ca. 5 millioner mennesker.

XI.1.9.5 An entire subordinate clause can move into first place:

Jeg vil en tur til England, når det bliver sommer.	Når det bliver sommer, vil jeg en tur til England.
Hun kom hjem, da klokken var 12.	Da klokken var 12, kom hun hjem.

XI.1.10 Interrogative pronouns and adverbs *(hvem, hvad, hvor* etc.) go first in the sentence and are followed by inverted word order unless they themselves are the subject:

Hvem er derinde?
Hvorfor kommer du ikke?
Hvad har du i din lomme?

XI.2 Word order in subordinate clauses

A simple subordinate clause has the same word order as a main clause:

Jeg bliver hjemme i aften, fordi jeg vil læse.
Du skal komme, hvis du kan.
Jeg ved ikke, om jeg har fri på søndag.

XI.2.1 It is not normally possible to move phrases to the beginning of a subordinate clause and thus produce inverted word order. The subject will follow the conjunction, relative or any other word connecting the subordinate clause to the main clause, unless the subject itself is the link. (If *hvad* or *hvem* is the subject of the subordinate clause, *der* will take the place of the subject. See VII.8.1.2).

The only real exception to this rule is to be found in noun clauses introduced by *at*. See XI.2.4 below.

154

XI.2.2 *Radical and subjective adverbs* (See XI.4.1 below). It is important to notice that these adverbs will always come between the subject and verb:

> Jeg går i seng nu, selv om jeg *ikke* er søvnig.
> Jeg har hørt, at du *alligevel* kommer i morgen.

XI.2.3 Any other elements will appear later in the clause in the same order as in a main clause:

> Jeg blev så ked af det, da jeg tabte mit nye ur på gulvet.
> Jeg har strikket et tæppe til min mor, så hun ikke altid skal fryse om benene om vinteren.

XI.2.4 Noun clauses introduced by *at* or an implied *at* can follow the word order of either main or subordinate clauses:

> Han var straks klar over, at han ikke ville giftes med hende.
> Han var straks klar over, at hende ville han ikke giftes med.
> Han var straks klar over, at han ville ikke giftes med hende.

Very occasionally the same phenomenon will be found in subordinate clauses of concession and result.

XI.3 Other points

XI.3.1 Sentences beginning with *gid, mon, bare* and *blot* have subordinate word order. This is because *gid* and *mon* are in fact verbal, while *bare* and *blot* presuppose verbs:

> Mon hun aldrig har været i Rom?
> Bare han ikke var rejst.
> Gid flyveren ikke er forsinket.

XI.3.2 Conditional clauses, when placed at the beginning of the sentence, can be expressed by either *hvis* or inverted word order:

> Hvis du kommer, så bliver jeg glad.
> Kommer du, så bliver jeg glad.

XI.3.3 Both in main and subordinate clauses *ingenting* or an object introduced by *ingen* or *intet* will be put into the position normally occupied by *ikke:*

Han har ikke nogen penge for tiden.
Han har ingen penge for tiden.
Han har ingenting tjent i dag.
Jeg ved, at han ikke har penge for tiden.
Jeg ved, at han ingen penge har for tiden.

XI.3.4 Note the position of *ikke* in the following sentences:

Jeg håber ikke,
    han vil rejse.   I hope he won't go.
Jeg håber ikke, det bliver   I hope it doesn't rain
    regnvejr i dag.   today.

XI.4 The position of adverbs in the sentence and in relation to each other

XI.4.1 The place immediately after the finite verb in a main clause is used by many adverbs.

A small group of adverbs has, as it were, asserted a right to this place. They might occasionally allow themselves to be limited in some way, but they are never completely displaced. These words can be termed radical adverbs, as they have a radical effect on the meaning of a sentence; they are usually short words such as *ikke, kun, nok, jo,* expressing negation, emphasis or possibly doubt:

Han kommer ikke i morgen.
Han har aldrig set „Hamlet".
Hun har ikke spist sin mad.
Hun har jo spist sin mad.
Hun har nok spist sin mad.

(See XI.2.2 above for the place of radical adverbs in subordinate clauses).

XI.4.2 Certain other adverbs of a subjective nature *(heldigvis, desværre, alligevel, trods alt* etc.) will also normally take the place after the finite verb. In their case, however, they *can*

156

move to the beginning of the sentence for the sake of emphasis; or, particularly if they are long, they may go to the end:

Jeg har desværre ikke tid.
Desværre har jeg ikke tid.
Jeg har ikke tid desværre.

Vi kan alligevel ikke komme i aften.
Alligevel kan vi ikke komme i aften.
Vi kan ikke komme i aften alligevel.

NOTE: As these adverbs can also affect the meaning of the whole sentence, they can place themselves between the finite verb and the radical adverb; adverbs of place, manner and time, however, which have a more limited significance for the sentence as a whole, can never be placed there, but have to go *after* the radical adverb:

Jeg vil ikke hjem.
Hun danser ikke godt.
Jeg arbejdede jo længe i aftes.

XI.4.3 Monosyllabic unstressed pronouns plus *her* and *der* can be placed before the radical adverb in sentences based on simplex verbs:

Vi så ham ikke i går.
Jeg kommer der ikke.

This does not happen in sentences with compound verbs:

Vi har ikke set ham i går.
Jeg er aldrig kommet der.

NOTE: In the sentence *Vi så ham slet ikke i går, slet* has also moved in before *ikke,* but this is because it limits *ikke* and is thus following the normal rule that adverbs precede the word they limit. The same phenomenon can be seen with, for instance, *overhovedet ikke.* (See XI.4.6 below).

XI.4.4 *Adverbs of manner* come immediately after intransitive verbs (or the radical adverb if there is one), and if there is a compound verb they follow the infinitive or past participle:

Hun synger godt.
Hun har sunget godt.

Hun synger aldrig godt.
Hun har jo sunget godt i aften.

In the case of transitive verbs, the adverb of manner comes either after the verb or after the object:

Han spiste hurtigt maden.
Han spiste maden hurtigt.

If the verb is a compound, the adverb of manner comes after the object:

Han har spist sin mad hurtigt.

A particularly long adverbial expression will, for reasons of sentence rhythm or balance, mostly go to the end of the clause:

Han har hjulpet fru Jensen på den bedst tænkelige måde.

XI.4.4.1 In sentences containing adverbs or adverbial phrases of place and manner, the adverb of manner will come immediately before the adverb of place:

Hun opfører sig pænt overalt.
Hun spillede dejligt i den film.

XI.4.4.2 In sentences containing adverbs or adverb phrases of time and manner, the adverb of manner will come first:

Hun synger godt i aften.
Hun har sunget godt i sine unge dage.

If, however, the adverb of time is one of frequency, this will often come first:

Hun synger altid godt.
Hun har for det meste sunget godt.

XI.4.5 Adverbs of place and time go after the object of transitive verbs and otherwise follow the verb as a whole:

Jeg så Jens i aftes.
Jeg må have lagt de breve et eller andet sted.
Jeg har sovet længe.
Jeg har glemt mine bøger hjemme.

In sentences containing adverbs or adverb phrases of place and time, it is usual to put place before time:

Jeg så Jens på gaden i aftes.
Olaf skal være i København i fjorten dage.

If, however, the time element is to be stressed it can precede the adverbial phrase of place:

Olaf skal være fjorten dage i København og en uge i Aalborg.

XI.4.6 Adverbs limiting an adjective or another adverb precede it:

Hun har en ganske forfærdelig skrift.
Han danser ikke særlig godt.

XII: Direct and indirect speech

XII.1 Direct speech

XII.1.1 Direct speech is introduced in Danish by a colon, not a comma, followed by quotation marks. If inverted commas are used, the introductory commas in Danish are *on* the line, the closing ones above it:

> Drengen sagde: „Nu går jeg hjem."

In print, but never in handwriting or typewriting, Danish often makes use of a completely different kind of quotation mark:

> Drengen sagde:»Nu går jeg hjem.«

NOTE: Some modern authors make no use of quotation marks at all.

XII.1.2 The direct speech functions as the object of the verbs *at sige, at spørge* etc., but constitutes at the same time a unit in itself, with a main clause, subordinate clauses, questions, and so on:

> Hans sagde: ,,Når jeg er færdig, henter jeg dig."
> Lisbeth sagde: „Vil du?"

XII.1.3 If the direct speech comes before the introductory clause, it causes inverted word order:

> „Når jeg er færdig, henter jeg dig," sagde Hans.
> „Vil du?" spurgte Lisbeth.

XII.2 Indirect speech

XII.2.1 If direct speech is changed into indirect speech, the result is a clause introduced by *at* after affirmative statements and *om* after questions or statements expressing doubt. In practice *at* will often be omitted, but *om* must always be included.

Indirect speech introduced by *at* (or an implied *at*) *can*

160

follow main clause word order (See XI.2.4) but will more often than not have subordinate word order.

Clauses introduced by *om* will always have subordinate word order:

Kristian sagde: „Den suppe kan jeg ikke lide."
Kristian sagde, (at) den suppe kunne han ikke lide.
Kristian sagde, (at) han ikke kunne lide den suppe.
Lise spurgte: „Er den dårlig?"
Lise spurgte, om den var dårlig.
Lise spurgte: „Er den ikke god?"
Lise spurgte, om den ikke var god.

NOTE: In the negative indirect question *ikke* is often moved forward:

Lise spurgte, om ikke den var god.

(See XII.2.3 below for changes in tenses).

XII.2.2 If the direct speech is introduced by an interrogative, the indirect form will keep the interrogative pronoun/adjective etc., but the word order will change from normal to subordinate:

Manden spurgte fiskeren: ,,Hvad har du fanget nu?''
Manden spurgte fiskeren, hvad han nu havde fanget.
Else spurgte sin veninde: „Hvem har inviteret dig i biografen?''
Else spurgte sin veninde, hvem der havde inviteret hende i biografen.

(Cf. VII.8.1.2 and XI.2.1).

XII.2.3 In changes from direct to indirect speech, tense changes are often required. The general rule is that if the introductory clause is in the present, the tense in the indirect speech is not changed, but if the introductory clause is in the past, the tense in the indirect speech changes as follows:

Bue sagde: „Jeg fryser."
Bue sagde, at han frøs.
Line sagde: „Jeg fandt en 5-krone på vejen."
Line sagde, at hun havde fundet en 5-krone på vejen.
Britt sagde: „Jeg kommer (vil komme), hvis jeg kan."
Britt sagde, at hun kom (ville komme), hvis hun kunne.

XIII: The Danish comma

Traditionally, Danish uses a grammatical comma, i.e. a comma which divides clauses which have different subjects. These clauses may be main + subordinate, main + main, main + subordinate + subordinate etc. However, parallel clauses with the same subject will not be divided by a comma:

Jeg tror, at det var dig, der lånte bogen.
Hun gik og sang, da han kom hjem.
Politiet spurgte, om hun ikke så eller hørte noget mærkeligt den nat, da tyveriet skete.

However, many writers in modern Danish prefer to use what is known as the "pause comma", which is much more akin to the English system.

Bibliography

Bruun, Erik: *Dansk sprogbrug*, Copenhagen, 1978.

Diderichsen, Paul: *Elementær dansk grammatik*, Copenhagen, 1946.

Hansen, Aage: *Moderne dansk I – III*, Copenhagen, 1967.

Hansen, Gunnar i.a.: *Dansk sproglære for seminarier*, Copenhagen, 1967.

Nielsen, Niels Åge: *Dansk etymologisk ordbog*, 3rd ed. Copenhagen, 1976.

Rehling, Erik: *Det danske sprog*, Copenhagen, 1932.

Thomson, A.J. & Martinet, A.V.: *A practical English grammar*, Oxford, 1971.

Vinterberg, Herman & Axelsen, Jens: *Dansk-engelsk ordbog*, 8th ed., Copenhagen, 1978.

Engelsk-dansk ordbog, 10th ed., Copenhagen, 1978.

At færdes i sproget, publ. Det danske Sprognævn, Copenhagen, 1975.

Nudansk ordbog I-II, Copenhagen, 1979.

Ordbog over det danske sprog, Copenhagen, 1918-54.

Retskrivningsordbog, publ. Det danske Sprognævn, Copenhagen, 1972.

Index

A:

abstracts ± art.: II.3.2.2
abbreviations: III.4.7 note 1,
  VII.7.2 note 2, VIII.4.8
ADJECTIVES: IV
inflections: IV.1
attrib.: IV.1.1
ind. form: IV.1.1.1
def. form: IV.1.1.2
pred.: IV.1.2
usage of: IV.2
adj. predicates: IV.2.2
functioning as nouns: IV.2.3
special cases: IV.2.4
comparison: IV.3
irr. comparatives: IV.3.1.6
comparison by means of mere
  and mest: IV.3.2
comps. and sups. without
  simplex forms: IV.3.3
use of the pos., comp. and
  superlative: IV.3.4
used as adverbs: IV.4
ADVERBS: V
with more than one form: V.11
comp. and sup.: V.12
irr. comparatives: V.12.3
parallel constructions: V.14
position in sentence: XI.4
radical adv.: XI.2.2, XI.4.1
subjective adv.: XI.2.2,
  XI.4.1, XI.4.2
positions of adv. of manner:
  XI.4.4
position of adv. of place and
  time: XI.4.5
acc./inf.: X.14.2.4
al: II.3.3.1
aller-: IV.3.2.5 note 3

anden: VII.10.1, VIII.2 note
approximate numbers: VIII.4.3
ARTICLES: II
sing. ind.: II.1.1
sing. def.: II.1.2
plural: II.2
use of the def. art.: II.3
use of the indef. art.: II.4
omission of def. art.: II.3.1
omission of ind. art.: II.4.1
at: IX.2.1, (inf. prec. by at)
  X.14.3.1

B:

bare: XI.3.1
begge: VII.7.5
blive + past part.: X.10.3,
  X.15.4.2.3
blot: XI.3.1
body, parts of, ± art.: II.3.3.2
bort/borte: V.11.1
broder: III.2.4.4
både . . . og: V.14

C:

cardinals: VIII.1
clauses:
  main c.: XI.1
  subordinate c.: XI.2
  (see also under conjunctions)
clothing ± art.: II.3.3.2
comma: XIII
compounds: III.1.4, III.1.8
conjunctions:
  coordinating c.: IX.1
  subordinating c.: IX.2

D:

da: V.7, V.13.1, IX.2.5

dates: VIII.4.7
De: VII.1.1
degree, expressions of: II.4.2.2
del ± art: II.4.2.1
dels . . . dels: V.14
demonstratives: VII.7
den/det/de: IV.1.1.2 note,
 VII.7.1
denne/dette/disse: VII.7.2
dennes: VII.7.2 note 1 and 2
deponent verbs: X.10.8
der: (form. subj.) VII.5.2,
 (rel.) VII.9.2, (adv.) XI.4.3
dersom: IX.2.3 note 2
det: (form. subj.) VII.5.1
direct speech: XII.1
dog: V.13.2
ds: VII.7.2 note 2
du/De: VII.1.1
død/dødsfald: III.2.7.1

E:
efterhånden som: IX.2.2.7
egen: VII.6.3, X.15.2.4 note 3
-el, -en, -er, words ending in:
 II.1.4, III.2.3.1, III.2.5,
 IV.2.4.7, IV.3.1.4
én (den ene): IV.3.3 note
én – éns: VII.4.3
enclitic article: II
en eller anden: VII.10.8
en og anden: VII.10.7
end: IV.3.4.2 note
endnu: V.1
eneste: IV.3.3 note
enhver: VII.10.6
enten – eller: V.14

F:
fader: III.2.4.4
false comparison: IV.3.4.4
feminine endings: III.1.6
flere/mere: IV.3.1.6
for (Danish word): IX.11
for at preceding infinitive:

X.14.3.1
for . . . siden: V.2
fordi: IX.2.5
formal subjects: VII.5, XI.1.8
forældre: III.2.7.2
fractions: VIII.4.2
frem/fremme: V.11.1
fremmed: IV.2.4.5
fri: IV.2.4.2, IV.2.4.3
fru(e): III.4.7
frøken: III.4.7
future: X.8
 present for f.: X.4.2
før: V.12.5, IX.2.7
først: IX.2.7 note 1
første: II.3.1.6
få (adj.): IV.3.1.6
få ± art.: II.4.1.2
få/have: X.12.3
få + past part.: X.15.4.2.4

G:
gender:
 indicated by certain endings:
 III.1.3
 of compound nouns: III.1.4
 neuter: III.1.7
genitive case: III.3
geographical names ± art.:
 II.3.1.3
gerne: V.3, X.12.3, X.13.12
gid: X.7.3, XI.3.1
gide: X.13.1
glad: IV.2.4.5
godt: V.4, X.13.12
gradual increase: IV.3.4.3
grammatical terms ± art.:
 II.3.1.4

H:
halvanden: VIII.4.1
have: X.12, X.13.2,
 (+ past part.) X.15.4.2.1
have/få: X.12.3
hele: II.3.3.1
heller ikke: V.5

165

hen/henne: V.11.1
her: XI.4.3
herr(e): III.4.7
hinanden: VII.2
hjem/hjemme: V.11.1
hr.: III.4.7
hvad: (interr.) VII.8.3, (rel.)
    VII.9.1.2, VII.9.4, VII.9.5
    note
hvad for en: VII.8.4 note
hvadenten . . . eller: IX.2.11
hvem: (interr.) VII.8.1, (rel.)
    VII.9.3
hver: VII.10.6
hverandre: VII.2
hverken . . . eller: V.14
hvilken/hvilket/hvilke: VII.8.4
hvilket: (rel.) VII.9.1.2, VII.9.5
hvis: (interr.) VII.8.2, (rel. gen.)
    VII.9.6, (if) IX.2.3
hvor: V.6
hvornår: V.7
højre: II.3.1.1
højst: V.12.4
håb/forhåbninger: III.2.7.1

I:
I: VII.1.1
idet: IX.2.4, IX.2.5
ikke: XI.1.7, XI.3.4
ikke før: IX.2.7 note 1
ikke, ikke sandt: V.13.3
ikke inden: IX.2.7 note 1
ikke noget: VII.10.4
imperative: X.6, X.13.9
ind/inde: V.11.1
inden: V.11.2, IX.2.7
indeterminates: VII.10
indirect speech: XII.2
infinitive: X.14
    form: X.14.1
    passive: X.10.2.2, X.13.8
    without at: X.14.1.2, X.14.1.3,
        X.14.1.5, X.14.1.6
    at the beginning of sentence:
        X.14.1.4

negative inf.: X.14.1.7
split inf.: X.14.1.8
use of inf.: X.14.2
inf. as pred.: X.14.2.2
inf. as object: X.14.2.3
inf. after prep.: X.14.2.3,
    X.14.5
acc./inf.: X.14.2.4
inf. after verb: X.14.3
    preceded by at: X.14.3.1
    preceded by for at: X.14.3.1
    preceded by til at: X.14.3.2
    after a noun phrase: X.14.4
ingen: VII.10.2, XI.3.3
ingenting: VII.10.4, XI.3.3
interrogatives: VII.8
interrogative clauses: XI.1.5
intet: VII.10.3, XI.3.3
inverted word order: IX.2.3
    note 1, XI.1.6
irregular verbs: X.3.2, X.16
især: VII.10.6

J:
ja: V.8
jer: VII.6.1.3
jo: V.8, V.13.4
jo . . . jo (des): V.14

K:
kong(e): III.4.7
kunne: X.10.2.2, X.13.4

L:
lad være med: X.6.4 note 3
lidt: II.4.1.2
lige: V.13.5
ligesom: IX.2.2.4
ligeså . . . som: IV.3.4.1
lille: IV.2.4.11, IV.3.1.6
loanwords: II.1.6, III.1.5,
    III.2.6
lykkes: X.10.8

M:
main clauses: XI.1

man: VII.4
mange: IV.3.1.6, VII.10.9
mathematical expressions:
   VII.4.6
measures: VIII.4.8
medens: IX.2.4
meget: IV.3.1.6, IV.5, VII.10.10
men: IX.1.2
menneske: II.2
mens: IX.2.4
mere/flere: IV.3.1.6
mere/mest for comparative:
   IV.3.2
modals: X.3.2.5, X.13
   main functions: X.13.7
   pass. inf. after modals: X.13.8
   instead of imp.: X.13.9
   not needing related verbs:
      X.13.11
moder: III.2.4.4
mon: XI.3.1
møbel/møbler: III.2.7.4
måtte: X.13.12

N:
nationality expressions:
   II.4.1.1, III.5
ned/nede: V.11.1
neden: V.11.2
negation: XI.1.7
nogen: VII.10.2
noget: VII.10.3
nok: V.13.6, X.8.4 note
normal word order XI.1.6
NOUNS: III
   gender: III.1
   the plural: III.2
   special cases plural: III.2.7
   the genitive: III.3
   proper nouns: III.4
nu: V.13.7
NUMERALS: VIII
   cardinals: VIII.1
   ordinals: VIII.2
   dual forms: VIII.3
   various: VIII.4

approximate numbers:
   VIII.4.3
   position: VIII.4.5
mathematical expressions:
   VIII.4.6
   times and dates: VIII.4.7
   weights and measures:
      VIII.4.8
ny: IV.2.4.2, IV.2.4.3
næst-: IV.3.4.6
nød/trængsler: III.2.7.1
nødig: V.3 note 2
nødt (til): IV.2.4.10
når: V.7, (cond.) IX.2.9

O:
ofte: V.10
om: IX.2.10
om . . . eller: IX.2.11
om/omme: V.11.1
op/oppe: V.11.1
oplysning/oplysninger: III.2.7.4
optative: X.7
ordinals: VIII.2
oven: V.11.2
ovennævnte: II.3.1.6
over/ovre: V.11.1

P:
parallel increase: IV.3.4.5
parat: IV.2.4.10
participles: X.15
   pres. p.: X.15.1
   past p.: X.15.2
   infl. of past p. of irr. verbs:
      X.15.2.4
   past p. from passive verbs:
      X.15.2.5
   use of pres. p.: X.15.3
   pres. p., adj. properties:
      X.15.3.1
   pres. p., used as adverbs:
      X.15.3.1.4
   verbal properties: X.15.3.2
   past p., use of: X.15.4

past p., adj. properties: X.15.4.1
past p., verbal properties: X.15.4.2
particles: V.13
parts of the body: II.3.3.2, VII.6.4
passive: X.10
  the passive in -s: X.10.1
  use of the passive in -s: X.10.2
  pass. inf.: X.10.2.2, X.13.8
  the passive with blive: X.10.3
  use of the passive with blive: X.10.4
  relationship between passive forms: X.10.5
  the passive with være: X.10.6
  reciprocals: X.10.7
  deponents: X.10.8
  in relationship to trans. and intrans.: X.10.9
  the passive of inseparable verbs: X.10.10
penge: III.2.7.4 note
plural, formation of: III.2.1
points of compass: II.3.1.1
possessives: VII.6
PREPOSITIONS: VI
  function of p.: VI.1
  ending sentences with p.: VI.2
  omission of p.: VI.3
  instead of genitive: VI.4
  with adverbial sense: VI.5
  after adj.: VI.6
  after verbs: VI.7
  relics after old inflections: VI.8
  range of meaning: VI.10
present tense: X.2, (use of pres. tense) X.4
preterite: X.3, (use of pret.) X.5
PRONOUNS: VII
  personal: VII.1
  second pers. p.: VII.1.1
  use of nom. forms: VII.1.2
  use of obl. forms: VII.1.3

3. pers. sing.: VII.1.6
reflex.: VII.1.7
recipr.: VII.2
possessives: VII.6
poss. as adj.: VII.6.1
poss. as pronouns: VII.6.2
emphasis of poss.: VII.6.3
comb. with parts of the body: VII.6.4
adj. after poss.: VII.6.5
demonstratives: VII.7
interrogatives: VII.8
relatives: VII.9
indeterminates: VII.10
position of unstressed monosyll. p.: XI.4.3
proper nouns ± art.: II.3.1.2

Q:
quantity expressions: II.3.2.1, II.4.1.2, II.4.2.2, VI.3.4

R:
radio ± art.: II.3.1.5
reciprocal verbs: X.10.7
reflexive verbs: X.9
relatives: VII.9, (with prep.) VII.9.7
rente/renter: III.2.7.4
ret ± art.: II.3.1.5, II.4.1.3
råd: III.2.7.4

S:
samme: II.3.1.6, VII.7.4
selv: VII.1.7.2.3, VII.3
selve: II.3.3.1, VII.3
selv om: IX.2.8
siden: IX.2.6
sidste: II.3.1.6
sig: VII.1.6.2
sin: VII.6.1.5
skønt: IX.2.8
slet ikke: XI.4.3
slås: X.15.2.5
snart: V.9
snart . . . snart: V.14

som: VII.9.1, (omitted)
  VII.9.1.3, (implying as)
  IX.2.2
som om: IX.2.2.4
-somhelst: VII.10.5
strid/stridigheder: III.2.7.1
subjunctive: X.7
subordinate clauses: XI.2
superlative in certain set
  phrases: IV.3.4.6
syncope: III.2.5
synes: X.10.8
søskende: III.2.7.2 note
sådan: VII.7.3
sådan som: IX.2.2.2

T:
tak: III.2.7.3
telephone numbers: VIII.4.4
til at, inf. prec. by til at: X.14.3.2
tilfælde: III.2.3.1
time expressions: II.3.2.1,
  VI.9, VIII.4.7
tit: V.10
ton: VIII.4.8 note 2

U:
ud/ude: V.11.1
uden: V.11.2

V:
vant (til): IV.2.4.10
vedkommende: VII.1.6.2
vel: V.4, V.13.8
venstre: II.3.1.1
VERBS: I and X
  infinitive and stem: X.1
  the present: X.2
  the past (preterite): X.3
  pret. of reg. verbs: X.3.1
  pret. of irr. verbs: X.3.2
  use of present: X.4
  pres. for future: X.4.2
  historic present: X.4.3
  use of pret.: X.5
  unreal comparisons: X.5.3

continuity of action: X.5.6
short answers: X.5.7
the imperative: X.6
negative imperative: X.6.4
  note 3
the optative: X.7
the future: X.8
pure future: X.8.1
future implying will: X.8.2
future implying necessity:
  X.8.3
future implying promise:
  X.8.4
other future expressions:
  X.8.5
reflexives: X.9
the passive: X.10 (see under
  passive)
modal aux.: X.13 (see under
  modals)
infinitives: X.14 (see under
  infinitive)
participles: X.15 (see under
  participles)
perfect tense: X.15.4.2.1,
  X.15.4.2.2, X.15.4.2.4 note
list of irregular verbs: X.16
verden: II.1.5
ville: X.13.3
vor: VII.6.1.3
vowel mutations: (nouns)
  III.2.4, (in comp. adj.)
  IV.3.1.5
værd: IV.2.4.10
være: X.11, X.13.2, (+ past
  part.) X.15.4.2.2

W:
weight expressions: II.3.2.1
weights: VIII.4.8
WORD ORDER: XI
  in main clauses: XI.1
  in interrogative clauses.
    XI.1.6
  normal word order: XI.1.6

inverted word order: XI.1.6,
    XI.1.9
negation: XI.1.7
position of pronouns and
    adverbs: XI.1.10
in subordinate clauses: XI.2
radical and subjective
    adverbs: XI.2.2
in noun clauses introduced
    by at: XI.2.4

in conditional clauses: XI.3.2
position of adverbs: XI.4
position of monosyllable
    unstressed pronouns:
    XI.4.3
position of adverbs of
    manner: XI.4.4
position of adverbs of place
    and time: XI.4.5